DU PROJET

DE REMBOURSEMENT

OU

DE RÉDUCTION DES RENTES,

PAR

ARMAND SÉGUIN.

A leur naissance, les fautes financières n'apparaissent que comme un point de mirage. Bientôt elles engloutissent tout ce qu'elles enveloppent.

« Tout est lié dans le bien comme dans le mal; « dans le vrai comme dans le faux : entrez dans la « bonne voie, tous les résultats sont bons; égarez-« vous dans la mauvaise, tout vous tournera à mal. »

(Discours de M. le ministre des finances, relativement à la réduction des rentes.)

PARIS,
GUIRAUDET ET GALLAY, IMPRIMEUR ET LIBRAIRE,
RUE SAINT-HONORÉ, N° 315, VIS-A-VIS SAINT-ROCH.

JUIN 1824.

DU PROJET

DE REMBOURSEMENT

OU

DE RÉDUCTION

DES RENTES.

DU PROJET

DE REMBOURSEMENT

OU

DE RÉDUCTION

DES RENTES,

PAR

ARMAND SÉGUIN.

A leur naissance, les fautes financières n'apparaissent que comme un point de mirage. Bientôt elles engloutissent tout ce qu'elles enveloppent.

« Tout est lié dans le bien comme dans le mal;
« dans le vrai comme dans le faux : entrez dans la
« bonne voie, tous les résultats sont bons; égarez-
« vous dans la mauvaise, tout vous tournera à mal. »

(Discours de M. le ministre des finances, relativement à la réduction des rentes.)

PARIS,

GUIRAUDET ET GALLAY, IMPRIMEUR ET LIBRAIRE,

RUE SAINT-HONORÉ, N° 315, VIS-A-VIS SAINT-ROCH.

JUIN 1824.

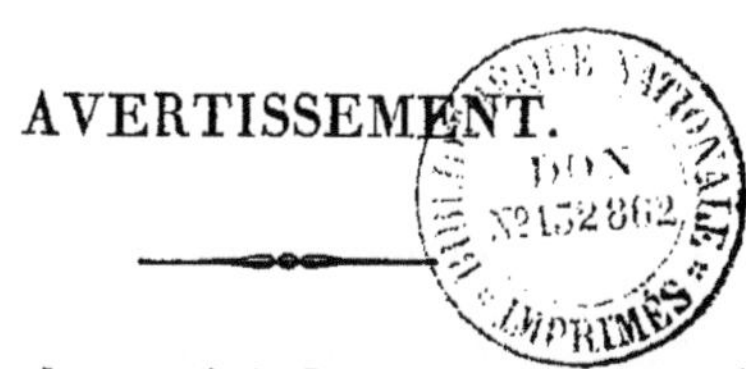

AVERTISSEMENT.

Cet opuscule est tiré d'un ouvrage qu'on imprime en ce moment, qui paraîtra prochainement, et dont la publication ne se trouve retardée qu'à raison du grand nombre de tableaux qu'il renferme.

Cet ouvrage a pour titre :

Considérations sur les systèmes qui ont été suivis dans l'administration des finances de la France ;

Présentant des vues générales sur les divers élémens de la fortune publique ;

Et terminées par la proposition d'un nouveau plan de finances,

Tendant à procurer,

A l'État, d'immenses ressources,

A tous les propriétaires et contribuables, une amélioration importante dans leur fortune,

Aux émigrés dépouillés de leurs propriétés, de justes et convenables indemnités.

Le but de l'ensemble de cet ouvrage a été,

De placer nos conceptions financières au centre d'une sphère à diamètre assez étendu pour y comparer les bases et les résultats du passé, du présent et de l'avenir;

D'approfondir et de bien peser les motifs de sécurité des uns, les motifs d'inquiétude des autres;

De les balancer et de les arrêter invariablement;

De s'assurer de la possibilité de maîtriser tous les événemens à venir, déduits du plus grand ordre des probabilités;

Enfin, de fonder définitivement le bien-être de tous, sans exception.

L'introduction de cet ouvrage est ainsi conçue :

INTRODUCTION.

Je rédige cet écrit avec la sensation que la réalisation de son objet est le seul fleuron que la

France pourrait désirer encore à la couronne de notre monarque adoré, et de nos princes chéris.

Conforter efficacement la prospérité de l'État, en satisfaisant à un acte de justice, déjà consacré par d'augustes témoignages, est une réunion de circonstances heureuses qui se rencontre rarement, et que jamais ne laissent échapper des Bourbons.

La dignité du trône; la haute splendeur de tout ce qui doit l'environner; l'état actuel de la civilisation de l'Europe; la justice; l'intérêt incontestable et très-important de la plupart des propriétaires fonciers qui, par suite d'une mesure sage, équitable et politique, doivent voir disparaître une détérioration trop prononcée dans une fortune de plus d'un milliard; la situation présente et future des contribuables; enfin, la prospérité générale de l'Etat, ont suggéré mon plan, et ont présidé à sa rédaction.

C'est sans doute par ces motifs qu'il me luit plus encore qu'aucune des conceptions heureuses dont le Ciel m'a, dans ma vie, favorisé en assez grand nombre.

Suivant moi, il peut devenir la clef de l'édifice social.

A l'époque de sa réalisation, une ère nouvelle, resplendissante pour la France, me semble devoir augmenter sa prépondérance.

En France, nos besoins, même exagérés, sont, on n'en peut disconvenir, inférieurs à nos ressources réelles.

La sage direction d'emploi y est dès lors encore plus désirable qu'une parcimonie trop souvent germe d'inertie.

Pour des Français, n'est-ce pas là l'équivalent du levier d'Archimède?

N'étouffons donc pas, par des résistances d'un intérêt étroit, des germes réels de splendeur nationale.

Ayons le bon esprit de savoir enfin apprécier et savourer avec fruit les faveurs de tous genres que le Ciel nous a prodiguées.

En général, pour recueillir, il faut semer.

Combien, dans notre position, l'influence de cette vérité peut acquérir d'intensité par le concours de *l'à-propos*.

Saisissons la donc; et, par suite,

Suspendons irrévocablement, par des engagemens aussi sacrés que doivent l'être ceux de la Charte, toutes créations de nouvelles rentes, jusqu'au moment où, l'amortissement ayant rempli son objet, celles qu'elle possédera seront définitivement annihilées.

Créons un fonds de réserve de six cents millions, uniquement destiné à sauver l'Etat en cas de péril imminent.

Faisons droit à de justes réclamations que notre intérêt réel et bien entendu nous porte non seulement à ne pas repousser, mais même à prévenir.

Réalisons des vœux consacrés par d'augustes expressions,

En fixant irrévocablement, à des époques invariables :

La suppression

De l'impôt sur le sel;
Des droits réunis;
De la loterie;
Du droit de patente;
De l'impôt mobilier;
Et de celui des portes et fenêtres;

L'allégement

De l'enregistrement;
Des douanes;
Et de l'impôt foncier, jusqu'à concurrence du cinquième de son montant actuel en capital et en centimes additionnels.

Que ces 400,000,000 fr. de suppression de charges annuelles soient même indépendans de toutes diminutions désirables, mais peu probables, dans les dépenses administratives.

Que surtout toutes ces améliorations, en apparence gigantesques, s'effectuent sans altération dans l'essence de nos budgets, et de telle sorte que leurs sources vivifiantes soient à peine appréciables pour chacun des membres de la société.

Je le déclare avec assurance, et sans crainte d'être, par suite, taxé de démence, ce plan n'est pas un rêve.

Les écarts d'une imagination romanesque n'y entrent pour rien.

La raison, la convenance, et la rectitude des chiffres y ont seuls présidé.

Veuillons franchement faire le bien.

Là, seulement, se rencontrerait la difficulté.

L'ayant franchie,

Je poserais, comme second point de départ, cette vérité qui, pour moi, est tellement démontrée, que, s'il le fallait, j'en ferais reposer sur ma tête toute la garantie :

Nous le pouvons.

Dès lors, la conscience de tous, car je ne veux

voir en France que d'honnêtes gens, s'écriera, en adoptant le plan :

Nous le devons.

Il se trouve aussi dans l'ouvrage quelques idées éparses qui ont un rapport indirect avec la conception de cet opuscule.

Les solutions financières, déduites de bases vraies et directes, n'exigent, pour être comprises, que de l'intelligence, de la bonne volonté, de l'attention, un sens droit et sain, et la connaissance des premières règles de l'arithmétique.

Dès lors on peut tout aussi-bien se rendre compte des finances d'un grand État, et même les apprécier et les juger, qu'on le fait journellement relativement à des recettes de l'intérieur le plus restreint.

Bien convaincu que, dans l'intérêt commun, cet examen ne saurait être trop généralisé, j'ai apporté un grand soin à rendre clairs et facilement intelligibles tous les élémens de mes démonstrations.

Si, comme je l'espère, j'ai atteint ce but, mes lecteurs, même ceux habitués à ne parcourir que des yeux, me comprendront sans étude pénible.

Toutefois, j'oserai, en raison de la haute importance des objets traités dans cet écrit, réclamer une attention soutenue de la part de ceux qui savent, par expérience, que les maux passagers se supportent avec d'autant plus de résignation et de courage, qu'on peut entrevoir, avec certitude et sans illusion, l'époque où ils doivent enfin cesser, et où l'on peut, pour soi et pour les siens, renaître au bonheur et à la prospérité.

Quant aux personnes qui, trop avares de leurs occupations futiles, n'en veulent sacrifier aucune, même à la réalité de leur bonheur, qu'elles ne s'en détournent pas : heureusement leur concours n'est nullement nécessaire à l'effectuation du bien.

D'après le compte rendu dans plusieurs journaux des éditions de quelques unes des propositions traitées dans cet écrit, on pourrait supposer que j'aurais résolu le problème de tout payer sans puiser dans la bourse de personne.

Malheureusement l'influence de ma bonne étoile ne s'étend pas encore jusqu'à ce degré de perfection.

Jamais je n'ai perdu de vue cette vérité, bien certainement incontestable, que, dans tous les systèmes de finances, tout ce qui sort de la caisse du trésor royal, pour quelque emploi que ce soit, est sorti ou doit sortir, un peu plus tôt, un peu plus tard, des caisses des contribuables; qu'ainsi toute recherche de secours réels et absolus, autres que ceux qui proviendraient directement ou indirectement des contribuables, ne serait au vrai qu'une prétention ridicule à la découverte de la pierre philosophale.

Lorsqu'une partie du système est attaquée, il y a courage, et surtout avantage à faire l'amputation partielle avant que le mal n'ait fait des progrès et n'ait empiré.

Ceux-là sont les plus ennemis d'eux-mêmes qui, pour éviter un débours instantané, se prêtent volontiers à s'engager dans l'avenir pour des sommes bien plus considérables.

Ceux-là sont les plus amis d'eux-mêmes qui n'oublient jamais que l'*opportunité* de certains paiemens est souvent plus *fructifère* que les *délais* dont on jouit par leur ajournement.

Il existe dans la marche financière des États quelque analogie avec la parabole d'un projectile.

Les finances de la France peuvent être en ce moment considérées sous cet aspect.

Dans une telle position, il suffit, pour obtenir des améliorations, de joindre à la possibilité de le faire, qu'heureusement nous avons, le *vouloir prononcé* d'agir et de réussir : non ce *vouloir inconstant* qui s'épouvante de tout obstacle, de toute résistance, de toute durée d'exécution ; mais ce *vouloir opiniâtre* qui ne croit pas avoir achevé son ouvrage, tant qu'il entrevoit quelque amélioration possible.

En finances, plus encore qu'en toutes autres combinaisons où le temps entre comme élément indispensable, trop souvent le précipice est déjà profondément creusé, au moment où l'on commence à entrevoir son existence.

Si, en 1780, la bonne étoile de la France eût permis que cette vérité fût suffisamment appréciée, l'année 1789 aurait pris dans l'histoire une bien autre teinte.

Il est en outre, dans cette partie, plusieurs sources de maux dont l'action peut se comparer à celle d'un fer rouge, dont la sensation douloureuse n'existe qu'après l'anéantissement de l'épiderme.

La nôtre s'est enfin recréée; mais elle n'est pas encore suffisamment solidifiée pour l'exposer à de trop rudes frottemens.

La juste appréciation des conséquences des combinaisons financières doit nécessairement être goûtée de ceux qui, habitués à comparer et à juger les événemens, savent qu'en politique comme en finances, comme dans la vie privée, un seul moment d'ambition, d'avidité, d'incapacité, d'incurie, ou même d'irréflexion, est souvent, pour les États comme pour les particuliers, la source éloignée, mais inévitable, des bouleversemens et des tourmentes.

Dans un grand État tel que la France,

Les moindres déviations financières peuvent apporter d'énormes différences dans les résultats.

Puissions-nous ne jamais mériter le reproche d'avoir eu, dans des objets qui nous intéressaient si immédiatement,

Des yeux pour ne pas voir, et des oreilles pour ne pas entendre!

Ceux qui peuvent un jour éprouver le besoin de recourir à de nouveaux prêteurs ont intérêt à ne pas oublier qu'il est toujours dangereux de frustrer le juste espoir d'une précédente confiance.

Démontrer la possibilité, revêtue d'immenses avantages pour l'Etat, de la réalisation d'un sentiment intime de justice, c'est satisfaire tous les intérêts et détruire un cercle d'illusions, de tergiversations et d'ajournemens qui ne pourraient davantage être présentés comme aliment qu'à des âmes faibles qui n'auraient pas été retrempées par trente années de tourmentes.

Il n'y a qu'un plan d'ensemble bien combiné, bien mûri, et exécuté de toutes parts avec une conviction d'amélioration évidente et assurée, qui puisse nous sortir enfin du cercle vicieux dans lequel les contribuables, *lésés outre mesure*, ne peuvent même pas jouir, comme bien faible soulagement, de la *douce illusion* (je suppose à tous un sens droit et sain) *d'entrevoir avec certitude le terme de leurs souffrances.*

Fais ce que dois; arrive que pourra.

A leur naissance les fautes financières n'apparuissent que comme un point de mirage. Bientôt elles engloutissent tout ce qu'elles enveloppent.

ARMAND SÉGUIN.

DU PROJET

DE REMBOURSEMENT

OU

DE RÉDUCTION

DES RENTES.

En raison de l'extrême importance des questions renfermées dans cet écrit, je les traiterai sous leurs divers aspects.

Des réductions de rentes ont été suggérées, il y a près de quarante ans, par M. Necker, *comme moyen de ressources.*

En Angleterre, des réductions de rentes ont trouvé des *prôneurs,* et y ont été réalisées.

J'apporterai donc d'autant plus de soin à cette discussion, que les résultats d'une telle mesure, malheureusement enveloppée de *prestiges* dont on a peine à se défendre, pourraient *décevoir* notre attente.

En général, le gouvernement doit, dans ses dispositions financières, équilibrer

Les besoins de l'État,
Les intérêts fonciers,
Les intérêts mobiliers,
Et les intérêts industriels.

La première condition de ses conceptions en ce genre doit être le *salut et la prospérité de l'État.*

Pour lui, comme pour tous les gouvernés, ce doit être là la *loi suprême.*

Si, en atteignant ce but, la mesure financière sert en même temps l'intérêt général et l'intérêt particulier, elle ne laisse rien à désirer.

Mais si, *forcément*, l'intérêt individuel doit être lésé par la mesure financière, il faut, au moins, qu'il existe un juste équilibre de répartition dans le résultat.

Ainsi, s'il doit s'ensuivre un bien individuel, il faut que ce bien soit proportionnellement réparti entre les intérêts fonciers, mobiliers et industriels.

S'il doit, au contraire, en résulter un désavantage, il faut, de même, qu'il soit proportionnellement réparti entre les intérêts fonciers, mobiliers et industriels.

Une réduction d'un cinquième sur les intérêts de nos cinq pour cent serait-elle équitable? Améliorerait-elle définitivement notre position financière ?

La plus-value de charges qu'ont à supporter les contribuables a pour première source

L'impérieuse nécessité.

La sollicitude du gouvernement tend heureusement à en alléger l'énorme fardeau.

Une réduction à 4, de nos 5 pour cent, pourrait-elle concourir au résultat de notre désir?

Cherchons à éclaircir cette question financière, qui, dans son ensemble, mérite, sous tous les rapports, d'occuper le premier rang parmi celles qui ont été discutées depuis la restauration.

Je mettrai de côté dans ces recherchés ce qui toucherait la *légalité* de la réduction.

J'admettrai, contre mon *opinion*, que si le gouvernement veut la réduction, c'est qu'il a légalement, et surtout *consciencieusement*, le *droit* de l'effectuer.

Ce à quoi je m'attacherai principalement, ce sera de rechercher si l'Etat, surtout dans la position où se trouve en ce moment la France, a, *finalement*, intérêt à user de ce droit.

Je mettrai également de côté cette question, que ma *sensation* résoudrait *négativement :*

En supposant qu'il fallût pour la réduction une première mise de fonds considérable, le gouvernement pourrait-il *directement* ou *indirectement* se la procurer?

A quel prix l'obtiendrait-il?

Depuis dix ans les secours d'argent, réels ou *d'interposition*, ont été pour nous bien *pesans*.

Puisse le Ciel nous préserver d'avoir, de nouveau, à tomber dans un tel *précipice!*

Heureusement, la nécessité de l'encaissement d'une réserve de plus de trois milliards, qu'exigerait l'offre *franche* et *loyale* de remboursement (1), pourrait ne pas exister si, soit par la force des choses, soit par celle de combinaisons bien entendues, le cours des cinq pour cent s'élevait et se *maintenait*, avant l'exécution du plan, au-dessus de 101 fr.

A ce taux, tous les propriétaires des cinq pour cent pourraient se classer en deux catégories.

Les uns persévéreraient dans le placement de leurs fonds en rentes sur l'Etat : dès lors, *bon gré mal gré*, ils consentiraient à la réduction.

Les autres voudraient sortir de ce genre de placement : dès lors ils vendraient leurs cinq pour cent sur la place, au-dessus de 100 fr. avant l'exécution du plan, plutôt que d'en attendre le remboursement à 100 fr.

---

(1) Les estimations les plus élevées de la monnaie circulante en France n'ont jamais dépassé 2,500,000,000 fr.; pour assurer l'opération, il faudrait avoir en caisse 2,809,605,320 fr. Tout le numéraire de la France n'y suffirait donc pas.

Ainsi, quels que soient les mobiles de direction des propriétaires de rentes, *tous,* sans exceptions, alors qu'il s'agirait d'opter, consentiraient à la réduction.

Dès lors *tout* se consommerait facilement, *directement,* sans *bourse délier*, et sans le secours d'aucune *caisse étrangère.*

Seulement, il serait indispensable qu'entre l'annonce et l'exécution du plan, il s'écoulât un laps de temps suffisant pour que les propriétaires *récalcitrans* trouvassent sur la place les occasions de réaliser la vente de leurs cinq pour cent au-dessus du cours de 100 fr.

A cet égard l'*abondance* ou la *disette* du comptant sur la place seraient des indices certains, pour le gouvernement, du choix du moment où il pourrait, *avec sécurité,* mettre son plan à exécution.

Si donc, comme cela semble maintenant certain, le gouvernement a la volonté de réduction, toute sa sollicitude doit tendre :

1° A amener le cours des cinq pour cent au-dessus de 100 fr. et à l'y maintenir;

2° A donner aux propriétaires des cinq pour cent, qui seraient dégoûtés de ce genre de placement, le temps suffisant, et, autant que possible, les *occasions* de les vendre sur la place au-dessus de 100 fr.

Dès lors l'exécution du plan deviendrait probable.

Dans tous les cas, il est présumable qu'immédiatement après la connaissance légalement acquise de la volonté de réduction, les spéculateurs ne considéreront plus les cinq pour cent que comme une représentation *réelle*, quoique non nominale, des quatre pour cent, sauf une légère plus-value, de telle sorte que, le lendemain du jour où la réduction sera revêtue de la sanction de la loi, le cours coté des quatre pour cent devra être, à un franc près, le même que le cours coté la veille des cinq pour cent.

Sans pouvoir garantir cette probabilité, on peut cependant entrevoir que tel devra être l'un des puissans mobiles des spéculateurs *expérimentés*.

Il est présumable, d'après quelques renseignemens qui semblent fondés, que la réduction aurait lieu par échange de cinq mille francs de rentes (cinq pour cent), contre quatre mille francs de rentes, en *trois pour cent constitués au taux de cent francs*, *mais cependant donnés en échange au taux de soixante-quinze francs*.

S'il devait en être ainsi, les propriétaires des cinq pour cent, déterminés à ne pas abandonner ce genre de placement, trouveraient dans le mode de réduction par échange plusieurs genres d'avantages.

D'abord, ils y puiseraient la confiance qu'ils ne seraient plus exposés à de nouvelles réductions, et l'assurance que, si jamais on en projetait d'autres, ils s'en trouveraient dédommagés en recevant cent trente-trois francs de capital, au lieu de cent francs.

En second lieu, ils puiseraient dans un ordre de probabilités bien raisonnable l'espoir que le taux de 75 fr., auquel leur seraient accordés les trois pour cent, étant de convenance au-dessous du pair, se trouverait promptement dépassé par leur taux *réel* sur la place, qui leur procurerait, s'ils voulaient alors *réaliser*, un bénéfice *important*.

Quant à l'élévation du cours au-dessus de 100 fr. et à son maintien au-dessus de ce taux, ils me semblent une suite indispensable de la connaissance *légale* qu'on pourra avoir du plan.

Dès lors, en effet, tous les intérêts, sans nulles exceptions, tendront à l'élévation du cours :

Le gouvernement, parce que *cette élévation assurera, sans bourse délier, la réduction des rentes*,

Les propriétaires des cinq pour cent, parce que, soit qu'ils persistent dans ce genre de placement, soit qu'ils veuillent en sortir, *l'élévation du cours leur sera profitable* ;

Les acheteurs des cinq pour cent, parce que leur mobile d'achat sera, ou la *convenance* du placement, même avec réduction, ou l'*espoir* que *le cours des trois pour cent s'élèvera bientôt au-dessus de soixante quinze-francs, et pourra même atteindre leur pair.*

Il semble donc probable que, dès l'instant qu'on sera assuré que le gouvernement a *définitivement* arrêté le principe de réduction, le cours des cinq pour cent se fixera au-dessus de 100 fr., ne baissera plus au-dessous, et ne comportera plus, jusqu'au moment de l'exécution du plan, que des *chances d'oscillations en hausse.*

Ces oscillations, influencées par une réunion d'intérêts de *même nature*, n'auront de nuances que dans leur *intensité.*

Mais sous l'aspect du désir ou de la croyance d'*amélioration,* l'exaltation et l'enthousiasme peuvent-ils facilement s'apprécier ? ne cessent-ils pas d'être influencés par le calme de la *raison?* n'obéissent-ils pas trop facilement aux perspectives du *désir* et de l'*espoir?*

Dans de telles positions, les *craintifs*, veut-on même les *prudens*, sont peu nombreux : le plus grand nombre, ayant intérêt à la hausse, la voyant s'opérer graduellement, et sans pas rétrogrades, autres que ceux résultans d'oscillations momentanées et de positions, *désirera, espérera* la hausse, et par cela même y *contribuera* d'autant plus efficacement qu'on n'aura à lutter contre *aucun intérêt*, et surtout contre *aucun genre de puissance.* (1)

« Le plan du projet, dit M. le ministre des fi-« nances, a été conçu dans les termes les plus « simples.

« Il tend à autoriser la substitution des trois « pour cent aux cinq pour cent, soit par conven-« tion volontaire, soit par la négociation des trois « pour cent, afin de rembourser les cinq pour « cent.

« Il place les limites dans lesquelles le ministre « chargé de l'opération pourra agir, et hors des-« quelles il ne lui sera plus permis de procéder.

« La première de ces limites est dans l'intérêt « des rentiers; ils devront tous avoir l'option en-« tre le remboursement nominal de leur capital, « ou la conversion des cinq pour cent dont ils « sont porteurs, en trois pour cent à 75 francs.

« La seconde est en même temps une garantie

---

(1) J'en étais là de l'impression, lorsqu'a été prononcé le discours de M. le ministre des finances. Ayant maintenant sous les yeux ce discours, je substituerai, dans le cours de ma discussion, des données positives à des probabilités.

« pour les rentiers, que le ministre ne pourra né-
« gocier les trois pour cent qu'ils auront refusés
« qu'au même taux de 75 francs, et une garantie
« pour l'État que l'opération ne pourra avoir lieu
« qu'autant qu'elle donnera pour résultat définitif
« la réduction d'un cinquième sur les intérêts de la
« dette convertie ou remboursée.

« Enfin la dernière limite posée est commandée
« par la nécessité; c'est la part faite au secours in-
« dispensable pour une opération aussi colossale,
« et aux termes que les circonstances peuvent ob-
« liger à prendre pour les remboursemens : la
« jouissance, pour le trésor, des bénéfices par la
« réduction, ne pourra être retardée au delà du
« 1er janvier 1826. »

En partant de ces bases, l'ordre des probabilités sur lequel reposeront les résultats de l'opération se resserre dans un cercle extrêmement étroit.

Je vais donc l'envisager sous ses trois aspects :

Sous celui qui intéresse les *rentiers*,

Sous celui qui intéresse les *traitans*,

Sous celui qui intéresse le gouvernement et conséquemment les *contribuables*.

La première disposition administrative après l'adoption de la loi sera sans doute de donner aux possesseurs de rentes un temps suffisant pour opter entre la réduction ou le remboursement.

Si, pendant ce laps de temps, le taux des cinq

pour cent se maintient sur la place au-dessus de cent francs, et si les rentiers ne peuvent pas craindre que les trois pour cent baissent au-dessous de 75 fr., aucun porteur ne demandera son remboursement; tous, au contraire, déclareront qu'ils consentent à la réduction.

Nous venons de le démontrer d'une manière évidente.

La réunion de tous les intérêts porte à croire que la rente se maintiendra au-dessus de ce prix, pendant tout ce laps de temps.

Nous croyons encore l'avoir complètement démontré.

Dans une telle position, on n'aurait besoin d'aucun secours pécuniaire; tout se réduirait à des *viremens d'écriture*.

Dès lors, les traitans n'auraient définitivement d'autres rôles à jouer que celui de *spectateurs commodément placés*.

Comme dédommagement de cette savoureuse, commode et enivrante position, dans une opération qui, en la supposant *sanctionnée*, n'exigera probablement d'autres débours que ceux nécessaires à des spéculations particulières, basées sur la connaissance, peut-être même sur la *suggestion* d'une combinaison concertée de longue main, les traitans obtiendraient une somme équivalente au montant de la réduction obtenue et opérée depuis le moment de l'adoption de la loi, jusqu'au 1er janvier 1826, et qui, en supposant que l'adoption ait lieu en mai, s'élèverait à

42,826,755 fr.

Un tel droit de présence ne serait-il pas *exagéré, exorbitant* et *intolérable,* même pour les classes d'individus qu'on taxe, à tort ou à raison, d'une *exigence de rétribution* réprouvée depuis des siècles ?

La *prévision* d'un second accaparement si *fructifère* remonterait-elle au l'époque de l'adjudication des 23 millions ?

C'est avec cette *sensation* que je disais, relativement à cette négociation :

« Les maisons que l'on cite comme pouvant se « prêter à l'exécution de la négociation ont, en « *fait* et en *crédit*, des moyens imposans.

« *Veuille le Ciel qu'elles* amalgament l'amé« lioration de leur position avec l'amélioration de « la nôtre ! »

Après avoir dit que notre rente a dépassé le pair, Monsieur le ministre des finances observe avec raison que ce haut prix est un dommage pour la caisse d'amortissement ;

Et il ajoute :

« Une administration prévoyante devait chercher « les moyens les plus justes et les plus efficaces pour « faire cesser ce dommage : vous auriez eu le droit « de lui demander compte de son incurie, si elle « fût restée indifférente à des faits trop liés à l'in- « térêt général et au développement de la richesse « publique pour ne pas attirer toute son attention. »

L'intention est *louable :*

Reste à savoir si le plan atteindrait le but ;

S'il ferait disparaître le *dommage* dont on se plaint ;

S'il parviendrait, enfin, à faire ce qui, jusque alors, paraissait impossible, à concilier les intérêts des rentiers avec ceux des contribuables ?

Tels auraient dû être les problèmes à résoudre.

Tels devraient être les *résultats* à obtenir.

A cet égard, les *difficultés* étaient grandes.

En général, l'intérêt des rentiers, et l'intérêt des contribuables représentés par la caisse d'amortissement qui n'est que leur mandataire, ont des directions inverses.

C'est ce qui m'a fait dire dans un précédent ouvrage :

« Pécuniairement, les contribuales auraient in- « térêt à la baisse.

« Pécuniairement, les rentiers auraient intérêt « à la hausse.

« Numériquement, ces intérêts opposés se ba- « lancent exactement.

« Il existe cependant entre eux une différence « de nuance bien prononcée.

« L'intérêt pécuniaire des contribuables à la « baisse est absolu.

« L'intérêt pécuniaire des rentiers à la baisse « n'est que relatif; il n'existe qu'au moment de la « réalisation du capital primitif; dans l'intervalle, « la quotité de revenu n'en éprouve aucun chan- « gement.

« La hausse est *perte* pour les contribuables.

« La hausse est *bénéfice* pour les propriétaires « de rentes.

« Doit-on désirer perte pour les uns et gain pour « les autres ?

« Serait-il possible qu'aucun ne fût lésé, et que « chacun trouvât son compte en résultat ?

« Cet équilibre serait la perfection. »

Je le dis avec le *sentiment de la plus intime conviction*, et avec un *épanchement de déférence bien pur d'intention :*

La réduction projetée, loin de nous rapprocher de ce but si désirable, nous en éloignerait, en nous faisant suivre une direction inverse.

L'intention que proclame monsieur le ministre

des finances d'alléger, par l'exécution de son plan, le dommage qu'occasione le rachat au-dessus de 100 fr., doit faire présumer qu'il croit et qu'il espère que les trois pour cent *baisseront* sur la place au-dessous de 75 fr., et resteront dans cet état de *détérioration*.

En effet, si les trois pour cent se maintenaient à 75 fr., il n'y aurait pour l'amortissement aucune *amélioration* dans la *fortune publique*.

Si les trois pour cent s'élevaient au-dessus de 75 fr., la fortune publique, au lieu de se trouver *améliorée* par l'amortissement, se trouverait au contraire *détériorée*.

Certes il ne peut entrer dans l'idée de personne que monsieur le ministre des finances, en disant qu'il a adopté le plan parce qu'il a été persuadé que c'était le seul moyen de réparer le dommage occasioné à la fortune publique par l'élévation du cours des cinq pour cent au-dessus de 100 fr., n'ait pas entrevu un genre quelconque d'amélioration.

Cependant, il est incontestable qu'il ne pourrait en résulter une pour les contribuables, sous l'aspect de l'amortissement, qu'autant que les trois pour cent ne s'élèveraient pas au-dessus de 75 fr., qui correspondent aux 100 fr. des cinq pour cent réduits.

D'où l'on doit conclure que monsieur le ministre des finances croit à la baisse, au moins à un cours stationnaire de 75 fr.

Mais comment accorder cette opinion avec cet autre énoncé de son discours, que les nouveaux titres « peuvent s'améliorer en capital jusqu'à ne « plus porter qu'un intérêt de trois pour cent ».

Sans nous arrêter à cette apparence de contradiction, admettons, *ce qui soulagerait les contribuables*, qu'il faut regarder comme constant que monsieur le ministre des finances *entrevoit*, et même que, dans l'intérêt de la fortune publique, il désire la *baisse* des trois pour cent au-dessous de 75. fr.

Toutefois, en faisant cette concession, nous devons, par réciprocité, supposer quelque peu de *perspicacité* parmi les *propriétaires*, les *vendeurs* et les *acheteurs* des cinq pour cent.

Tous doivent dès lors faire ce raisonnement :

Monsieur le ministre des finances veut réparer le

dommage qu'éprouve la fortune publique par l'élévation du cours des cinq pour cent.

Il ne peut, dit-il, y parvenir que par la réduction des rentes.

Mais, secondairement, pour atteindre son but, il faut, nécessairement, que les trois pour cent *baissent* au-dessous de 75 fr. : car, autrement, le dommage, loin d'être *réparé*, serait *aggravé*, et la *volonté* du ministre ne serait pas *faite*.

Dans cette position, le ministre doit désirer la *hausse* avant l'exécution du plan. Mais il doit désirer la *baisse* après cette exécution.

Ses moyens sont plus *puissans* que les nôtres.

Notre raison nous commande donc de suivre l'*impulsion*.

Voici dès lors la résolution *réfléchie* qu'on doit supposer à chacune des parties intéressées.

Les propriétaires des cinq pour cent vendront, s'ils le *peuvent*, leurs rentes au-dessus de 100 francs sur la place, avant le remboursement qui leur en serait fait à 100 francs par l'exécution du plan, dans l'espoir que, conformément aux intérêts de la fortune publique, exprimés par M. le ministre des finances, les trois pour cent *baisseront* au-dessous de 75 fr., et qu'alors ils se replaceront, avec *bénéfice*, dans une position semblable à celle où ils se fussent trouvés en acceptant la réduction.

Les acheteurs des cinq pour cent diront :

Si j'achète des cinq pour cent au-dessus de 100fr., j'aurai une perte assurée : car mon achat me représentera des trois pour cent à 75 fr.; et leur cours doit *baisser* au-dessous de ce taux, puisque autrement le dommage de la fortune publique ne serait pas réparé, le but du ministre ne serait pas atteint, et sa prévision serait en défaut.

Les traitans se diront :

Si les *propriétaires* de rentes consentent à la réduction, nous n'aurons aucun débours à faire, et notre *commission* de 42 millions nous restera *acquise*.

Si, n'y consentant pas, ils n'avaient pas vendu leurs rentes sur la place, avant l'époque *fatale*, nous deviendrions porteurs de trois pour cent.

Ce genre de propriété ne peut nous convenir au cours de 75 fr., car monsieur le ministre des finances veut que le dommage soit réparé : il ne pourrait l'être qu'autant que le cours des trois pour cent *s'abaisserait* au-dessous de 75 fr.

En conservant des trois pour cent, nous devrions donc nous attendre à une *perte* certaine; à moins que la prévision de monsieur le ministre des finances ne soit en défaut, ou à moins que le *motif* du dommage n'ait été qu'un *prétexte* pour couvrir *d'autres motifs*.

Dans une telle position, *l'exécution* du plan pourrait se trouver fortement *compromise*, par cela seul que *tous* voudraient être remboursés, et que les traitans, déjà *amplement nantis* de *bénéfices immenses*, résultans d'opérations *accessoires*, *concordantes* avec la *certitude* de *l'apparition* du plan, et *favorisées* par la *bienveillance* du *télégraphe*, déclareraient, *en cas de besoin*, conformément à leurs *intérêts*, probablement même à leurs *désirs*, vu le *danger* pour *eux* d'un *changement de position*, déclareraient, dis-je, sans pourtant avouer que le plan leur aurait au moins *servi* de *fausse attaque*, leur *impossibilité* de *satisfaire* aux *demandes*.

Alors le gouvernement reconnaîtrait, *trop tard*, qu'il s'était fait *illusion* en ajoutant foi aux *promesses* et aux *engagemens* des traitans.

En définitive, si le *remboursement est exigé*, ni le ministre, ni les traitans, ne parviendraient à y *satisfaire*.

Avec de la *bonne foi*, la prétention contraire ne serait pas soutenable; *l'exigence* de la mise *en demeure* le prouverait *matériellement*.

Si la réduction est consentie, le ministre aurait pu, sans l'appui *ruineux* des traitans, parvenir à la *pleine* exécution de son plan.

En abandonnant ces compagnons de voyage, il aurait, par cela seul, diminué de plus de 40 millions le *dommage* qu'il signale dans la fortune publique.

Avec de tels *coopérateurs*, qui, sans être doués,

il s'en faut, de la science infuse, possèdent au moins cet *entortillage* de *séduction* qui, par la *voie* la plus *sûre, fascine* les yeux, souvent même la *pensée* et la *volonté,* et *éblouit* par des *prestiges,*

Gare au réveil!

N'aurions-nous donc pas encore suffisamment apprécié, à nos *dépens,* ce que *coûtent* de tels *guides!*

Une telle science ne serait-elle pas suffisamment payée par les *sacrifices* de plusieurs milliards qui *pèsent* déjà sur nos *têtes?*

Comment tout cela finira-t-il?

Dieu seul le sait.

En attendant, *espérons.*

Les chambres rempliront leur *honorable mission.*

Elles feront leur *devoir.*

Mais *nous*, à *tout hasard,* pour n'avoir plus de *reproches* à nous faire,

A chaque pas, regardons en *arrière*, pour mieux assurer notre *marche future*,

Ne retombons plus dans un état *maladif,*

N'ayons plus la *fièvre chaude,*

Ne redevenons plus *maniaques*, par excès de

zèle, ou par notre *concours* et notre *appui*, bénévoles ou intéressés,

Et attendons, pour prendre notre *revanche*, que de nouveaux besoins fassent enfin apprécier *le danger de frustrer le juste espoir d'une précédente confiance.*

En général, tout débiteur déloyal ne trompe qu'une fois; s'il a besoin de recourir aux personnes trompées, il finit par payer, bien chèrement, le bénéfice qui est résulté de sa déloyauté.

Pour obtenir un véritable *crédit*, il faut être *scrupuleusement* fidèle aux engagemens qu'on a contractés, quelque *lésion* qui puisse en résulter.

L'existence, dans le passé, de circonstances analogues, dont les ruineux résultats sont aujourd'hui presque oubliés, ne pourrait, sous aucun rapport, servir *consciencieusement* d'excuse.

Les résultats de toute discussion relative à des débiteurs et à des créanciers doivent être ramenés aux élémens les plus simples. Celui à qui on doit ne se laisse abuser ni par de grands mots, ni par des *promesses* : il ne voit que le *matériel* de la réalisation. Toutes les chances qu'on lui annonce pour l'avenir entrent d'autant moins dans son calcul de paiement, que l'avantage qu'il peut y trouver est inhérent à la position de tout capitaliste, et ne dérive conséquemment pas de sa position de créancier.

En thèse générale, *le crédit public ne peut qu'être favorable à la fortune publique.*

Le gouvernement le prouvait en portant *sa sollicitude* sur l'*amélioration* du cours de ses valeurs.

Aujourd'hui cette sollicitude semblerait changer de *direction*.

La *hausse* du cours des cinq pour cent au-dessus du pair aurait été *jusqu'ici* le résultat du crédit public; *aujourd'hui* cette *hausse* serait *dommageable* à la fortune publique : donc *le crédit public serait préjudiciable à la fortune publique.*

Comment sortir de ce *dilemme*, à moins que de poser autant de principes qu'il existe de nuances dans les cours ?

Voilà pourtant où peuvent nous conduire certains genres de raisonnemens.

Monsieur le ministre des finances a donc bien eu raison de dire :

« *Tout est lié dans le bien comme dans le mal,*
« *dans le vrai comme dans le faux : entrez dans*
« *la bonne voie, tous les résultats sont bons;*
« *égarez-vous dans la mauvaise, tout vous tour-*
« *nera à mal.* »

Dans cette circonstance, comme dans tant d'autres, l'on retrouve toujours la *besace* du bonhomme.

« L'abondance des capitaux, dit M. le ministre « des finances, et le développement de notre crédit, « ont fait baisser l'intérêt de l'argent. »

Cette proposition, dans son ensemble, serait digne d'un profond examen.

La première recherche à faire serait de s'assurer si l'abondance, *vraie* ou *apparente*, des capitaux est *absolue*, ou si elle n'est seulement que *relative*.

D'abord, en considérant, depuis la restauration, l'Europe dans son ensemble financier, il est incontestable que la masse du numéraire ne s'y trouve pas augmentée dans une proportion qui dépasse l'augmentation annuelle des années antérieures à la restauration.

Pour qu'il en fût autrement, il faudrait supposer des *exploitations* de nouvelles *mines* : il n'en a pas existé.

Relativement à la position financière de l'Europe, on ne peut donc admettre que des *déplacemens* dans la masse du numéraire, et non aucune *augmentation absolue* qui dépasse celle des années anterieures à la restauration.

Quant à la France, on doit présumer, sans trop d'invraisemblance, que la masse de son numéraire est *diminuée,* depuis la restauration, d'une somme qui ne pourrait guère être évaluée audessous de *six cents millions*.

Si donc il était réel qu'il existât maintenant

en France une augmentation de numéraire, il faudrait admettre qu'il en aurait été introduit depuis la restauration une quantité excédant les six cents millions, au moins, que nous ont coûté les subsides.

Mais quelle aurait été la *source* de cette augmentation de numéraire en France?

Ce ne pourrait être le résultat des *balances avantageuses* de notre *commerce extérieur*, qui, en supposant toutes les circonstances les moins défavorables, ont pu, à peine, alléger de cent millions notre perte de plus de 600 millions.

Resterait donc, comme seule source admissible,

L'appât offert aux *étrangers* par le taux *légal* de l'intérêt de nos transactions civiles, et par les taux *conventionnels* de l'intérêt de nos rentes.

Sous cet aspect la réduction aurait quelque analogie avec le *sacrifice* mal entendu de la *poule aux œufs d'or*.

Cette proposition me semble d'une si haute importance que, malgré mon désir de me resserrer, je ne puis résister au besoin d'entrer à son sujet dans quelques détails.

A ne considérer que le revenu, le pair des 5 pour 100 de France étant de 100 fr., et celui des 3 pour 100 consolidés d'Angleterre étant de même de 100 fr., pouvant, en France, se faire avec 100 fr. un revenu de 5 fr., il faudrait, en Angleterre, pour se faire un égal revenu de 5 fr., y consacrer 167 fr.

Ces rapports, *vrais* dans l'expression des chiffres, cessent cependant de l'être dans celle des négociations.

Celles-ci présentent, en effet, d'autres rapports, qu'on peut considérer comme les *réels*, et dont la moyenne expression, en nombres ronds et approximatifs, est de

5 pour 100 de France.		3 pour 100 d'Angleterre.
9	à	8

C'est-à-dire que, quand, en France, les 5 pour cent sont à 90 fr., les 3 pour cent, en Angleterre, sont environ à 80 fr., sauf les nuances momentanées des besoins et des sensations.

De ce premier état de choses résultent, nécessairement, ces conséquences :

Que peu de *fonds français* doivent passer en Angleterre pour s'employer en trois pour cent consolidés ;

Que beaucoup de *fonds anglais* doivent, au contraire, passer en France pour s'employer en cinq pour cent.

Cette nécessité d'une inégalité de capitaux pour

se procurer, en Angleterre et en France, un égal revenu, est l'indice d'une différence de quotité monétaire disponible.

En déduisant, sous ce rapport, les conséquences qui dérivent des positions respectives, on trouve que,

La quotité de monnaie *disponible* en Angleterre est à la quotité de monnaie *disponible* en France, en nombre ronds et approximatifs, comme

3 est à 2

Dans une telle position de *rapport,* un Anglais qui voudrait placer des fonds en rente française aurait diverses *perspectives.*

S'il voulait jouir en Angleterre de son revenu, il l'aurait augmenté de 50 pour cent.

S'il voulait jouir en France de son revenu, il l'aurait augmenté de cent pour cent, savoir :

50 pour cent par le fait du placement,

50 pour cent par le moindre prix des dépenses, à égalité de jouissances.

Il s'en faut de beaucoup que cet aspect soit de pure curiosité; il a, *politiquement,* une importance très-réelle. Ses conséquences directes et indirectes sont donc dignes d'être *approfondies,* et méritent, sous tous les rapports, de fixer l'*attention* du gouvernement.

Si, dans la réalité, cette *apparence* d'augmentation de numéraire en France n'était *réellement* que le résultat d'une *diminution* bien *affligeante* du commerce et de l'industrie !

Pourrait-on en *tirer vanité !*

Ne devrait-on pas au contraire s'en *attrister ?*

Il est des personnes qui regarderont cette proposition comme *paradoxale.*

Pour d'autres, elle ne sera, *malheureusement*, que trop *évidente.*

« La réduction aura, dit monsieur le Ministre « des finances, le merveilleux effet de faire cesser « la différence désastreuse entre les produits des « capitaux employés dans la rente, et les produits « de ceux appliqués à l'agriculture, à l'industrie « et au commerce. Voulez-vous vivifier ces trois « soutiens de notre prospérité, dirigez vers eux « les capitaux, et faites qu'ils puissent les obtenir « au moindre intérêt possible : pour atteindre ce « but, cessez de leur faire, par le haut intérêt de « vos rentes, une concurrence qu'ils ne sauraient « soutenir. »

Le *fait vrai* est que, si les rentes emploient des capitaux qu'on désirerait voir utiliser en commerce, en agriculture, en industrie, c'est, soit parce que le commerce, l'agriculture et l'industrie, repoussent ces capitaux, comme leur étant inutiles ou superflus, soit parce que des considérations, *étrangères* à l'intérêt pécuniaire, établissent entre les rentes et ces capitaux une propriété *attractive* plus énergique

que ne peut l'être celle qui existerait entre les mêmes capitaux, le commerce, l'agriculture et l'industrie.

En effet, la loi accorde six pour cent d'intérêt aux capitaux consacrés à l'industrie et au commerce.

Or, comme les rentes, élevées au pair, ne donnent qu'un intérêt de cinq pour cent, il est évident que, si les capitaux *n'abandonnent* pas les rentes pour se consacrer à l'industrie et au commerce, c'est qu'ils y sont attachés par un autre *lien* que celui de l'intérêt pécuniaire.

Les *hommes industrieux* et les *rentiers* sont, pour ainsi dire, deux *mondes distincts*.

Les premiers fondent leur *bien-être* sur leurs *veilles*.

Les seconds le fondent sur leur *demi-sommeil*.

L'activité est le domaine des uns.

L'inactivité est le temple des autres.

Les uns *gravissent* la montagne de la prospérité.

Les autres *glissent* sur la pente rétrograde.

Dans tous les cas, la *diminution* des fonds consacrés aux rentes produirait dans leur *cours* un *abaissement* qui *ramènerait* promptement les mêmes fonds.

La *pratique* financière a un *niveau* contre lequel *échouent* toutes les *théories*, bien plus encore tous les *paradoxes*.

L'on ne peut donc espérer, relativement au *déclassement* des capitaux, plus d'*effet* de la réduction que de l'état actuel des choses sans réduction.

En général, ce ne sont pas le *plus haut* ou le *plus bas* taux de l'intérêt qui *classent* ou qui *déclassent* les capitaux : autrement, après un certain nombre de *reviremens*, le taux d'intérêts de toutes les sources deviendrait *uniforme*.

La preuve qu'il n'en est pas ainsi, c'est la différence des produits des capitaux consacrés aux biens ruraux, aux maisons d'habitations, aux prêts sur hypothèques, au commerce, à l'industrie, et aux valeurs de toutes natures qui circulent sur la place.

Pourquoi, dans le *système* d'*équilibre*, les bons du trésor *se négocieraient-ils* à *trois* pour cent, tandis que les rentes en rapportent *cinq?*

Le *débiteur* n'est-il pas le *même?* La *solidité* n'est-elle pas *semblable?*

Pourquoi ces bons procurent-ils même un intérêt moins élevé que celui de la banque?

Quelque raison qu'on puisse donner pour expliquer ces *nuances*, toujours serait-il vrai que ce seraient ces raisons mêmes, en les supposant fondées, qui *différencieraient* les résultats.

Ce serait donc un *rêve* que d'espérer qu'on *équilibrera* jamais les taux d'intérêts des capitaux consacrés à des emplois différents.

Il entre, dans le choix des placemens, des *élémens* que les partisans de l'équilibre *négligent* mal à propos : tels sont celui des *convenances* et celui du plus ou moins de *facilité*, du plus ou moins d'*embarras*, du plus ou moins d'*assurance* et du plus ou moins de *promptitude* de la *réalisation*.

La loi a fixé des *limites*. Personne ne *peut* ou ne *doit* les *dépasser*. Mais, au-*déssous* de ces limites, chacun fait à sa *guise*, et ne prend pour *boussole*, ni le plus ou moins d'*appât* que présente la situation de son voisin, ni la résolution plus ou moins *lucrative* d'emploi que ce voisin prend relativement au placement de ses capitaux.

Vouloir diriger ces choix serait *injuste*, *inconvenant*, *impolitique*, probablement même *impossible*.

Ce serait *favoriser* les *uns* aux *dépens* des *autres*.

Sous l'aspect des combinaisons d'intérêt que permet la loi, la *liberté* la plus *étendue* doit *exister*. On ne doit pas même, *prudemment*, chercher à l'*influencer*.

L'un *se ruine ;* l'autre *s'enrichit*.

Qu'importe à l'État, pourvu que la *masse* des *richesses* qui *constitue* sa véritable fortune ne *diminue* pas.

L'espoir que la réduction influencerait *avantageusement* les résultats de nouvelles *négociations* de rentes serait *déçu*, si ces négociations ne dépassaient pas 165 millions de rentes.

Avec des négociations moins importantes, *plus la réduction aurait de latitude*, *plus le taux de l'intérêt s'abaisserait*, *et plus la perte pour les contribuables, résultante des négociations précédentes, serait considérable.*

On conçoit en effet que la caisse d'amortissement, ayant à racheter, par suite des précédentes négociations, une masse de rentes plus considérable que la masse des nouvelles rentes à négocier, éprouverait d'autant plus de dommage que les nouvelles négociations se feraient à des prix *moins élevés*.

Cette *vérité* suffirait pour faire *écrouler* tous les *appuis* qu'on cherche à donner au plan.

Dans un Etat *vierge*, des *négociations* de rentes, à bas prix, sont, *incontestablement*, *avantageuses* et *désirables*.

Dans notre *fâcheuse* position financière, des *négociations* de rentes, à bas prix, ne peuvent, *en définitive*, que nous être *préjudiciables*.

Au premier aspect, cette proposition semblera sans doute *paradoxale*.

En faisant le *bilan général* de notre situation financière, on reconnaîtra cependant que la proposition est *incontestable*.

« Plusieurs causes favorables, dit monsieur le

« ministre des finances, ont porté nos rentes au « taux élevé où nous les voyons aujourd'hui.

« Parmi ces causes, quelques unes, telles que « l'état de nos finances, les garanties que donnent « nos institutions, notre ponctualité à satisfaire à « nos engagemens, l'action continue et croissante « de notre amortissement, nous appartiennent, « et nous en conserverons les avantages.

« D'autres nous sont étrangères en partie, et dé- « pendent des événemens.

« Nôtre crédit éprouve en ce moment les effets « sensibles des circonstances transitoires, qui, « lors même qu'elles auront cessé, laisseront des « traces utiles, mais dont il importe de profiter « quand elles sont dans toute leur force, ainsi que « la prudence veut qu'on *use* de tout ce qui est « *accidentel* et *passager*.

« Au nombre de ces dernières circonstances, je « ne citerai que l'élan donné à l'élévation du cours « de nos fonds publics par la réussite de notre der- « nier emprunt; les opérations qui se font dans un « Etat voisin, pour réduire l'intérêt d'une partie « de la dette; l'espèce de *fièvre à la hausse* qui « s'est emparée de toute les places où se négo- « cient les fonds publics de l'Europe; et enfin la « *manie des prêts*, qui a fourni depuis quel- « que temps, à qui l'a voulu, la facilité de rem- « plir des emprunts. »

Combien il existe dans ce peu d'alinéas de mots *significatifs*, propres à *réveiller* les *indolens*, même les *apathiques*, et à *titiller* leur *prévision engourdie !*

Si l'on pouvait admettre l'*infaillibilité* de qui que ce fût, combien cet ensemble de données ne devrait-il pas suggérer de *craintes ?*

Ne dénote-t-il pas *assez clairement* que,

Dans le *principe*, *les rentiers* seront *sacrifiés;*

Et que, *plus tard*,

Si l'envie leur prend enfin de réaliser, pour s'attacher à quelque autre placement moins sujet à des oscillations capricieuses, ils éprouveront une *seconde détérioration.*

« Vous pouvez emprunter à quatre et vous de-
« vez à cinq, dit M. le ministre des finances ; vous
« offrez aux rentiers actuels la *préférence* de la
« conversion ; et s'ils la refusent par *humeur ou*
« *par ignorance* de leurs véritables intérêts, vous
« usez de votre droit, vous les remboursez, et
« donnez à d'autres, aux mêmes taux, les effets
« que ceux-ci ont refusés. »

Quelle *flatteuse préférence!*

L'avenir prouvera si cette préférence, reportée, *le cas y échéant*, sur les traitans, préférence en apparence *jalousée* par *eux*, peut-être par *forfanterie*, au moins par *ruse de guerre*, serait *acceptée* par *eux*, sans *humeur*, *par ignorance de leurs véritables intérêts*, je ne dis pas avec *reconnaissance*, mais même *purement* et *simplement*.

Sans doute, dans une telle position, *à l'instar de la montagne qui accouche d'une souris*, ils donneraient une seconde *représentation* de la *résiliation*, en 1818, d'un traité analogue, d'une date trop récente pour que nous puissions en avoir perdu *souvenir*, et, avec le *tact financier* qui les distingue, ils se restreindraient aux *minimes* avantages d'acheter, par *masse*, en *baisse*, et de *revendre*, avec *prudence*, en *hausse*.

Si cette marche, qu'on nomme le pont aux ânes, n'est pas la plus *savante*, c'est au moins, bien certainement, la moins *chanceuse*, attendu que, relativement aux *cours* des rentes, les *oscillations* fréquentes, en *sens contraires*, sont une *donnée absolue*.

Quand il n'est question que de *réalisation* de *bénéfices*, le *zèle* des traitans semble *redoubler d'énergie*.

Existe-t-il quelque apparence de *risque*, *pru-*

demmènt ils se *retirent*, en parodiant l'un des jeux de notre enfance.

En thèse générale, tel est le *zèle* et le *dévouement* des *traitans* de tous les *temps* et de tous les *pays*.

Quoi qu'il en soit, il peut être consolant de penser qu'il existe des personnes qui *veulent plus notre bien* que nous ne le voulons nous-mêmes.

Sur tout cela, je disais dans des circonstances analogues :

Un homme qui avait annoncé qu'il en avalerait un autre disait, au moment où, ressentant le premier coup de dent, un *imprudent* jetait les hauts cris :

« Monsieur n'a sans doute pas pu penser que je « l'avalerais sans le mâcher. »

La portion des rentes *consolidées* éprouverait, d'après la proposition de monsieur le ministre des finances, le même sort que les rentes non consolidées.

Ces rentes consolidées s'élevaient, dans l'origine, à. . . . . 118,190,481 fr.

On en a anéanti les deux tiers, sous une apparence de remboursement; *aujourd'hui*, on en ferait *autant*, pour un *cinquième*, sauf l'option entre réduction et remboursement : option vicieuse dans sa base, soit pour le gouvernement, puisque si l'on opte le remboursement, l'exécution du plan est *impraticable*, et rentre dès lors dans la classe des *imaginaires*, des *forfanteries* attribuées, sans intention maligne, à la *gente gasconne*; soit pour les propriétaires de rentes, puisque, si l'on opte la réduction, c'est qu'on y sera amené par une position forcée, combinée de longue main. Ainsi, en définitive, *alors* comme *aujourd'hui*, ç'a été un *anéantissement* pur et simple, avec des *prétextes* plus ou moins *plausibles*, mais au fond *réprouvés* par la *droiture*, la *justice*, et, surtout, par *l'intérêt bien entendu du plus fort*.

Quoi qu'il en soit, les 118,190,481 fr. de rentes ont été réduites à. . . . . 39,396,827 fr.

Aujourd'hui on les réduirait à . 31,517,462 fr.

De telle sorte qu'un homme qui, avant la *consolidation*, avait un revenu de. . . . . 15,000 fr.

de rentes, qui lui représentait un capital de. . . . . 300,000 fr.

n'aurait plus aujourd'hui qu'un revenu de 4,000 fr.

de rentes, qui lui représenterait un capital de . . . . 100,000 fr.

Ainsi il aurait perdu les deux tiers sur son capital, et près des trois quarts sur son revenu.

L'affliction qu'il éprouverait de ces successions de réductions, qu'il pourrait penser avoir quelque analogie avec les résultats si *pronés* de ce qu'on désigne par la dénomination d'*intérêts composés*, devrait sans doute s'accroître par la vue de la position des adjudicataires des 23 millions, pour lesquels on semblerait avoir une *prédilection si marquée.*

Les 23 millions, au moyen des délais d'acquittement, leur seront revenus au taux de 86 fr. 20 c.

Ils n'auront donc eu, en réalité, à débourser que. . . . . 400,111,111 fr.

On leur donnera, comme remboursement. . . . . 462,290,320.

Ils auront donc en bénéfice. . 62,179,209 fr.

Au moment de la réalisation de ce bénéfice, leur débours ne se sera encore élevé qu'à. . . . . 160,044,440 fr.

De telle sorte que leur *commission* (n'importe le nom qu'on voudra lui donner) s'élèvera, pour un terme moyen de quatre mois, à 39 pour cent.

Est-il donc bien vrai que dans ce monde il n'y ait qu'*heur* et *malheur?*

Toujours serait-il vrai aussi qu'il n'a jamais existé de bonne étoile *durable*.

Un tel revirement ne pourrait-il pas apporter de grands préjudices à *ceux* qui s'y *confient?*

Qui trop embrasse mal étreint.

Icare fut puni pour avoir trop présumé de lui-même.

L'obscurité est préférable à certaines réputations, dont le souvenir ne rappelle que des sensations douloureuses.

Dans un tel état de comparaison, les rentiers se détermineraient-ils à admettre, comme *article de foi*, la proposition présentée à leur sujet par M. le ministre des finances ?

« Plus heureux (les rentiers *consolidés*) que « d'autres, les porteurs actuels de ces anciennes « rentes ont profité, et vont profiter encore de l'a-« mélioration que la restauration a portée dans la « valeur de leur capital. »

Les capitalistes, consacrant leurs fonds aux rentes, n'étaient sans doute pas *encore* des *maniaques à fièvre chaude*, lorsqu'ils concouraient, de tous leurs moyens, à *l'amélioration que la restauration a portée dans le capital des rentiers.*

Immédiatement ils le seraient devenus.

Ce serait un véritable changement à vue.

Alors comme *aujourd'hui*, sans doute, on voulait leur *bien*.

Seulement la tenacité de leur *état maladif*, de

leur *manie*, de leur *fièvre chaude*, a pu faire admettre quelque modification à la signification identique du mot *vouloir*.

En 1760, un homme avait	30,000 fr. de rentes.
En 1770, il s'est trouvé réduit à.	15,000 fr. de rentes.
En 1800, il s'est de nouveau trouvé réduit à.	5,000 fr. de rentes.
En 1824, il se trouverait enfin réduit à.	4,000 fr. de rentes.
Son capital primitif était de . . .	600,000 fr.
Son capital actuel ne serait plus que de.	100,000 fr.
Son placement primitif était à. .	5 pour 0/0.
Au moyen de la succession des réductions, il ne serait plus aujourd'hui qu'à	2/3 pour 0/0.

Quel *encouragement !*

Encore, si là se bornait le mal résultant de ce mode de placement.

Prochainement, je prouverai combien ses préjudices sont encore plus considérables.

C'est dans ce sens que je disais, en réponse à un écrivain qui engageait les fermiers et les cultivateurs à placer sur l'État leurs capitaux oisifs :

« Il est très-vrai que la manie des paysans d'en-

« fouir leur argent est ruineuse pour eux, et dommageable à la société. Ce serait un grand avantage pour *tous* que les fonds morts fussent placés en rentes; mais il en serait tout autrement si le grand profit des effets publics enlevait à l'agriculture les capitaux qui lui sont nécessaires.

« Cela n'est pas à craindre, car l'agriculture est pour le cultivateur et pour l'État, et même pour les finances, l'emploi le plus lucratif des capitaux.

« Malgré les gelées et les grêles, les sécheresses et les pluies, les incendies, les inondations, les vents, les orages et la foudre, que le *professeur* appelle à son secours pour épouvanter l'ignorant villageois qui aurait la *simplicité* de vouloir *améliorer* ses terres, malgré les bruyantes comparaisons et les graves erreurs de M. H...., toutes choses suivront leur cours naturel, l'ordre des saisons et les préjugés de la campagne continueront à marcher de compagnie, sans faire attention aux leçons et aux mercuriales des financiers de la capitale. »

Si ce genre de discussion ne présentait pas autant de gravité, la réduction rappellerait la situation si bien tracée par Molière dans son Bourgeois-Gentilhomme :

Je vous dois cent mille francs, M. Jourdain : *réduisons* l'intérêt que je vous paie, et je ne pourrai plus *m'acquitter, si l'envie m'en prenait*, qu'en vous donnant cent trente-trois mille francs.

Le *Moniteur* présente contre les argumens de ceux qui s'opposent au projet de réduction une proposition dont ils peuvent utilement s'emparer.

« Pour chaque 100,000 francs que le gouver-« nement va rembourser, il n'a primitivement reçu « que 50,000 francs peut-être, ou, au plus, que « 88,000 francs, suivant les époques auxquelles « remonte chaque emprunt ; et ce n'est pas à « des époques tellement éloignées qu'on ait pu « perdre la trace des énormes bénéfices qui en « sont résultés pour les créanciers. Ils ont eu lieu, « pour la plupart, dans une période de huit ans, « depuis 1815 jusqu'à 1823. »

Et c'est avec des *allégations vagues* de cette nature qu'on cherche à *influencer* la *religion* de juges aussi *équitables* que *justes*, *éclairés*, *consciencieux* et *perspicaces* !

En thèse générale, en admettant même que des bénéfices, *chanceux*, auraient accompagné des conventions contractées depuis la restauration, serait-il *convenant*, serait-il *délicat*, surtout serait-il *prudent* d'en faire un motif de reproches ?

Pour tout *bon Français*, un engagement *contracté* par le Roi doit sembler *sacré*.

« La dette publique est garantie.

« Toute espèce d'engagemens pris par l'État est « inviolable. »

Telles sont les expressions de la Charte.

Si les engagemens réciproques de ce genre peuvent occasioner des *dommages* aux contractans, ils doivent, avec confiance, invoquer, au pied du trône, la *générosité royale*, qu'on n'a jamais *implorée infructueusement.*

Mais s'il doit en résulter un *avantage* pour les traitans, cet avantage doit *demeurer essentiellement inviolable*, par cela seul que le contrat a pour *garant* notre *monarque vénéré.*

Quoi ! le *père du peuple*, *Louis-le-Désiré*, aurait, dans le *grandiose* de sa *conscience* et de sa *haute politique*, mérité les *bénédictions générales*, en ne *rejetant* pas les *dettes des cent jours;* il aurait *pressenti* que les *conséquences* de cette *générosité* dépasseraient bien au delà ses *désavantages pécuniaires;*

Et, aujourd'hui, on pourrait *craindre* que des intérêts, relativement *mesquins*, conduiraient à des conséquences tellement *immenses*, qu'elles seraient *ruineuses* pour les particuliers, et qu'elles *compromettraient l'existence de l'Etat !*

Non.

Une telle *crainte* ne doit pas nous *atteindre.*

Elle n'*attiédira* ni notre *zèle* ni notre *dévouement.*

La France a été *sauvée* par le Roi.

Elle est *heureuse.*

Elle est à la *veille* de se trouver placée au *plus haut rang du globe.*

Des intérêts *particuliers* et *pécuniaires*

N'anéantiront pas l'*ouvrage* de notre *père chéri;*

Ne mettront pas, *de nouveau*, *tout en question;*

Ne feront pas *marcher sur la même ligne* les combinaisons intéressées de l'État, et les combinaisons intéressées des particuliers;

Ne compromettront pas de *rechef* notre *existence*, même celle de notre *pays;*

Et ne nous *légueront* pas, pour prix de notre *concours*, de notre *appui*, de notre *zèle* et de notre *dévouement*, des *maux éternels.*

N'oublions pas, ce sera là notre *salut,* que

Des *jalousies étrangères* nous *observent*,

Et que, à l'instar de l'*enchanteresse*, leur *politique* sème de *roses* le sentier de notre *précipice.*

Répétons *hautement*, et tirons-en *vanité :*

Pour des *Français*, les véritables *roses* sont la *franchise*, la *loyauté*, l'*honneur* et la *gloire.*

Leur *génie* est trop *transcendant* pour *s'astreindre* à des *imitations inapplicables* dans leur *déplacement.*

Dans l'ouvrage dont est extrait cet opuscule, j'ai établi,

1° Que la quotité relative du numéraire est l'une des bases de la *prépondérance* des Etats;

2° Que cette surabondance relative dérive principalement de la balance avantageuse du commerce extérieur, qui *soutire*, graduellement, une forte partie du numéraire avec lequel s'établit son contact;

3° Que, de toutes les balances du commerce extérieur des nations du globe, celle de l'Angleterre est la plus avantageuse;

4° Que, par cela même, l'intérêt de l'argent doit y être peu élevé;

5° Que dès lors une forte partie de ses capitaux doit aller chercher ailleurs des placemens plus profitables;

6° Qu'enfin ces *exportations* de numéraire lui sont préjudiciables, parce qu'elles diminuent d'autant sa prépondérance financière.

D'où nous pouvons conclure :

1° Que le gouvernement anglais, forcé de se soumettre chez lui à un abaissement d'intérêt, trouverait un *accroissement* de *prospérité* dans une *diminution* de même nature, partout où s'étendent ses rapports;

2° Qu'en conséquence il doit employer, pour obtenir un *abaissement général d'intérêt*, tous les moyens qui sont en sa puissance, et particulièrement les *influences pécuniaires*, les *bases d'imitation*, et la *préconisation* ;

3° Qu'enfin notre intérêt bien entendu doit nous faire *apprécier* à leur juste valeur ces *mobiles directeurs*, et nous porter à ne les considérer que comme des *piéges*, dont il nous importe d'autant plus de nous *garantir*, qu'au *mal réel* nous aurions à joindre le *mal*, non moins *sensible*, de notre *amour-propre blessé* !

Aux *réclamations* possibles, faites par ceux qui se sont trouvés *lésés* par la *révolution*, M. le ministre des finances répond en disant :

« Il y a impossibilité de réparer le mal fait
« dans un temps heureusement si différent de celui
« dans lequel nous avons le bonheur de vivre. »

A cela, les *lésés* dont la *qualité* de *rentiers* ne *date* que de la *restauration*, et dont la *propriété* en *rentes* n'a été que le *résultat* d'un *paiement*, peuvent répondre :

Notre *lésion date*, *précisément*, de cette *dernière époque*.

Peut-être, à la vérité, leur répliquerait-on, comme *ultimatum* de raison :

« Il y a nécessité de réserver nos ressources ré-
« paratrices pour ceux de ces maux particuliers
« passés, qui sont un mal général présent. »

Nous avons beau y réfléchir, pourraient se dire les réclamans, en se retirant, et en concentrant leur douleur, cette dernière réponse d'évasion ne nous semble pas *claire* et *précise*; c'est pour nous une véritable *énigme*.

Serait-ce un *appât*, pour attirer, par l'espoir d'obtenir ce qui, sans *réalisation*, leur est *promis* depuis si long-temps, *ceux* dont l'*appui* semble maintenant *nécessaire*, sauf, par la suite, à s'*appuyer*, pour de nouveaux *ajournemens*, sur des *motifs imprévus?*

Non sans doute : car pour des intéressés de ce genre, qui, à ce sujet, ont *déjà* une expérience bien *souvent* acquise, cette tactique serait trop *usée* pour qu'elle pût encore se renouveler.

Si l'emploi était tel, ajouteraient-ils, que le suppose notre imagination, en cherchant à démêler cet énoncé de Sibyle, pourquoi ne l'avoir pas dit nettement ?

Pour des Français,

L'impression du mal est toujours moins poignante que l'impression de l'attente du mal.

Pourquoi s'exposer à des *reproches fondés ?*

Espérons donc que l'*amphibologie ministérielle* se rapporte à l'ensemble des maux antérieurs et des maux postérieurs à la restauration.

Cette douce illusion sera sans doute suivie d'une réalisation dont, nous aimons à l'espérer, on aura voulu nous ménager la *surprise*.

On dit que les rentiers ne peuvent pas se *plain-*

dre, puisqu'on leur *offre* l'*option* entre *réduction*, ou *remboursement* du *capital nominal.*

A cette proposition, on peut répondre :

Tout est *relatif;* et, en matière d'intérêts, comme en toute autre, tout est d'*à-propos*.

Si, lorsque les rentiers ont donné leur argent au gouvernement, au taux de 85 fr. 39 c. pour 5 fr. de rente, ils eussent pu prévoir qu'on leur ferait perdre le cinquième de leur revenu, ils auraient acheté, de préférence, des biens-fonds qui, *alors*, étaient *dépréciés,* et qui, *aujourd'hui,* leur procureraient un revenu plus *considérable* que le revenu auquel on voudrait les *réduire*.

Au contraire, en achetant *aujourd'hui* des biens-fonds avec leur remboursement, leur revenu serait encore *moindre* qu'il ne le serait en rentes.

Ils n'auraient donc qu'à se repentir de leur détermination *primitive*.

Pouvais-je concevoir une telle *crainte*, lorsque je disais, en m'adressant aux *créanciers* de l'État :

« O vous, dont la fortune se trouve entre les « mains du Gouvernement, fiez-vous au Roi, à la « pureté de ses intentions, à tout ce qu'il a fait « jusqu'ici, à sa conduite juste, sage, éclairée, « ferme et inébranlable. Votre intérêt s'oppose « à votre isolement. Rattachez-vous à votre loyal « débiteur; secondez-le de tous vos moyens pour « faciliter et accélérer sa volonté de libération ; et « puissiez-vous bientôt dire, avec la conviction de

« l'expérience : Les rapports avec la probité sont « aussi avantageux à l'intérêt personnel que con- « formes à la raison et à la justice. »

Lorsque je tenais ce langage, une commission dont monsieur de Villèle était membre concluait, contrairement aux *intentions manifestées du Roi*, au paiement des dettes en rentes, *valeur nominale*, et disait à ce sujet :

« Que devez-vous faire, Messieurs, à l'égard de « l'arriéré, dans la situation actuelle de la France ?

« Ce que vous devez faire, c'est ce qui est pos- « sible : devant la *nécessité*, tout est forcé de *céder*?

Il y a *nécessité !* (disais-je) il y a *indispensabilité !*

« Il n'y a de nécessité, il n'y a d'indispensabilité « absolues que là où, comme *naguère*, il n'existe « de réclamation possible que *l'obéissance*.

« La raison et la justice peuvent, dans certaines « positions, avoir nécessité, avoir indispensabilité « même de *ne rien faire ;* jamais elles ne peuvent, « *consciencieusement*, quelles que soient les circon « stances, avoir nécessité, encore moins indispen- « sabilité de *mal faire ;* de vouloir, en raison de « leur *puissance*, qui les met hors *d'atteinte*, et « les rend, dans leur propre cause, *juges et par-* « *ties*, avoir plus de *droit* que n'en aurait aux yeux « des *lois de l'Etat*, aux yeux surtout de *l'équité*, « qui doit être la première de toutes les lois, même « pour le *pouvoir*, tout simple particulier qui se « trouverait dans une semblable situation.

« Si des circonstances difficiles pouvaient servir

« au gouvernement de prétexte pour une *injustice* « *légalisée*, ces chances ne se renouvelant mal- « heureusement que trop souvent chaque siècle, « sur quelle *stabilité* aucune fortune particulière « pourrait-elle s'asseoir ? »

La commission ne partageait sans doute pas ces opinions, puisque, après avoir déclaré que la perte des 5 pour cent était alors sur la place de 40 pour cent, elle ajoutait :

« La majorité de votre commission a pensé que « la consolidation pure et simple des créances ar- « riérées était une mesure impérieusement com- « mandée par notre position. »

Heureusement, l'opinion de la commission n'a pas prévalu, l'*opinion* du Roi a *triomphé*, et les créances ont été *intégralement* acquittées.

Mais aujourd'hui pourrait-on encore, même comme prétexte, prononcer le mot *nécessité?*

Y a-t-il *nécessité* de réduction?

Telle serait la question.

Il ne pourrait y avoir nécessité qu'autant qu'il n'y aurait aucun autre moyen d'*alléger* le dommage qu'occasione l'état des choses.

Il n'y aurait nécessité, qu'autant que la réduction, à défaut d'autres moyens, pourrait réellement *alléger* ce dommage.

Mais si, au contraire, la réduction, loin d'alléger le dommage, l'*augmentait* réellement, il cesserait d'y avoir *nécessité*.

Or nous démontrerons d'une manière évidente,

non seulement qu'il n'y aurait pas de diminution, mais même qu'il y aurait, par l'*adoption* de la réduction, *augmentation* de dommage.

Et comment, dans une telle position, en présence de l'*évidence* que la réduction doit, en définitive, être *préjudiciable*, loin d'être *profitable*, pourrait-on chercher à *éluder*, sans nul intérêt, même avec *désavantage moral* et *pécuniaire*, cet article formel de la *Charte*,

« La dette publique est *garantie*,

« Toute espèce d'engagement pris par l'État est *inviolable*. »

Or, dans la portion de rentes qu'on veut soumettre à réduction, il en existe plus de 102 millions qui ont été émises depuis la concession de cette *arche sainte*.

Dès lors, non seulement les 63 millions de rentes émises avant la restauration, mais bien plus encore les 134 millions de rentes émises depuis la restauration, devraient, puisqu'elles ont été garanties, être *inviolables*, et à l'abri de tout *dommage* pour les propriétaires.

Ainsi donc, puisque la réduction dans le paiement de la dette de l'État, réduction à laquelle concluait M. de Villèle, n'a pas eu lieu; puisque ce que voulait *alors* M. de Villèle, comme *membre de la commission*, n'a pas été sanctionné, nous ne pouvons pas perdre l'*espoir* que ce que veut *aujourd'hui* M. de Villèle, *président du conseil des Ministres*, soit également *désapprouvé* et *rejeté* par les chambres.

On croirait entrevoir, dans les expressions de monsieur le Ministre des finances, que les avantages de la *réduction*, au lieu de venir à la *décharge réelle* et *matérielle* des contribuables, serviraient à satisfaire aux réclamations des émigrés.

Serait-ce une *erreur d'interprétation* de la part des *désintéressés ?*

Serait-ce une *lueur d'espoir* donné comme perspective de réciprocité à ceux dont, en attendant, le secours peut sembler nécessaire?

L'avenir lèvera tous nos *doutes* à ce sujet.

En attendant,

Il serait, il me semble, impossible de penser que le gouvernement se déterminerait à *sacrifier* entièrement la possibilité d'alléger un jour le sort des contribuables, au désir de procurer des *indemnités aux émigrés*, et de ne pas rester persuadé que, bien plutôt, il chercherait un moyen de concilier ce que commande la justice avec ce que conseille l'équité.

Toujours serait-il que la justice et l'équité feront une loi de ne point *prélever*, exclusivement, sur une seule classe de contribuables, le prix de ces indemnités.

S'il y a nécessité d'une dépense annuelle de 28 millions, c'est à l'ensemble des fortunes particulières, qui composent les richesses de l'Etat, à la supporter, et à y contribuer dans une juste, égale et équitable proportion.

Mais vouloir la puiser, exclusivement, dans la bourse des fortunes rentières, qui ne forment que la 21e partie des richesses de l'Etat, c'est commettre une injustice.

Et lors même que les contribuables devraient s'en trouver soulagés, *ce qui n'est pas, il s'en faut de beaucoup*, dans peu d'instans on en acquerrera la preuve matérielle, leurs mandataires entendraient assez bien les intérêts de leurs commettans pour repousser une telle source de soulagement.

Tout homme perspicace et expérimenté doit redouter les actes de *partialité* qui ne tombent que sur ses voisins, et dont il n'est pas *immédiatement* atteint: il doit ne pas ignorer qu'un tel genre d'habitude se contracte avec beaucoup de facilité, et que le mal auquel il échappe, aujourd'hui, peut, demain, *l'écraser.*

Messieurs les émigrés, guidés par les antécédens, ne peuvent guère, de nouveau, se confier pleinement à un espoir présenté d'une manière si ambiguë.

Ils sont trop raffermis pour accorder leur appui en pur échange d'un espoir si chanceux.

Ils exigeront sans doute qu'on s'explique nettement et sans arrière-pensée.

Le sort des contribuables s'en trouvera amélioré, car

L'espoir déçu est pire que le mal même.

Et, à leur égard, toute *tergiversation* devra cesser.

Ils reconnaîtront qu'il résulterait de la mesure plus de dommage pour l'État qu'il ne résulterait pour eux d'avantage.

Des indemnités nous sont dues, diront-ils, elles nous ont été *promises*, nous devons formellement y compter.

Mais elles ne doivent avoir pour *source* et pour *application* qu'une juste et égale répartition.

S'il faut qu'il y ait lésion momentanée pour quelqu'un, il faut qu'elle porte également, et par *rétribution proportionnelle*, sur *tous*.

Il ne faut pas que le vingtième des richesses seulement les supporte exclusivement.

L'acte de justice cesserait consciencieusement d'être pour nous une consolation, si nous avions à plaindre de nouveaux malheurs substitués aux nôtres.

Nous n'ajouterons point, aux injustes déclamations qui ont été élevées contre nous, le prétexte d'avoir profité des fruits d'une injustice, au moins des coups d'une *force majeure*.

Nous voulons que ce dont nous jouirons ne puisse nous être reproché par personne, et nous espérons même que, quelque jour, on appréciera assez les résultats généraux de notre *espoir* et de notre *tendance*, pour nous *remercier* de notre *résistance*.

Il faut enfin, et ce sera là le comble de l'*accom-*

plissement de nos vœux, qui devra mettre le *calme* et la *joie* dans toutes les âmes, que ces légers sacrifices momentanés et indispensables donnent à *tous*, sans exceptions, l'espoir d'une amélioration telle, que loin de les regretter, on les considère au contraire comme une *combinaison salutaire*, et qu'on se pénètre bien, par *intime conviction*, de cette pensée à la portée de tout le monde :

Il faut semer pour recueillir.

Voilà ce que nous réclamons ;

Et pour mieux faire connaître la noblesse, la pureté et la loyauté de nos principes, voici ce que nous proclamons, avec l'*épanchement* de la *bonne foi* et de la *franchise*.

Dans tous les pays, en s'entendant bien, tout est *possible*.

En France, en s'entendant bien, tout est facile.

Après trente années d'angoisses et de *souffrances poignantes*, ayons enfin le *bon esprit* de savoir apprécier et savourer avec *fruit* les *faveurs* de tous genres que le Ciel nous a prodiguées, et n'étouffons pas, par des *résistances* d'un intérêt étroit, des *germes* réels de *splendeur nationale*.

Joignons à notre expérience, déjà bien chèrement acquise, celle de nos voisins.

Voyons, dans des contrées éloignées, ce qu'a pu l'*union*, ce que peut sa persévérance.

Toujours les passions haineuses et vindicatives nous conduisent, enlacées par la rage, sur les bords du précipice, et trop souvent nous y engloutissent.

Soyons donc unis.
Soyons-le de cœur et d'esprit.
Nous serons riches.
Nous serons puissans.
Tout nous prospérera.
Que 1824 soit nommé dans l'histoire,
Année de l'union.

Mettons franchement sur nos bannières :

Concorde, souvenir du bien, oubli du mal.

Notre énergie, notre courage, notre expérience, nos lumières et notre génie feront le reste.

Conséquences de la réduction des rentes, sous le rapport des transactions civiles.

Jusqu'ici, je n'ai considéré les effets de la réduction que sous le rapport financier.

Je vais maintenant l'envisager sous le rapport de ses conséquences relativement aux transactions civiles.

Je supposerai que la réduction viendra à la décharge des contribuables. Car, s'il en était autrement, les conséquences que je vais présenter acqueraient une bien autre importance.

Jé supposerai aussi que l'intérêt des capitaux sera à plus bas prix dans les transactions civiles et commerciales, et que l'agriculture en profitera.

Tel est le vœu, le but proclamé de la mesure : je l'adopterai de *confiance*, mais sans y *croire*.

Dans ce cas la *réduction* considérée sous l'aspect des relations d'intérieur semblerait ne devoir occasioner ni avantage ni désavantage pour personne, attendu qu'on pourrait penser que, réellement, on n'aurait fait que changer les valeurs nominales, sans changer en rien les valeurs des rapports respectifs.

On pourrait dès lors espérer que l'intérêt des capitaux, étant plus bas, donnerait la possibilité d'établir, à moindre prix, les objets de consommation et d'industrie, et que chaque revenu, réduit d'un cinquième, notamment celui du *rentier*, pourrait encore atteindre et procurer une somme suffisante d'objets de consommation ou de moyens de jouissances ?

Mais qui pourrait se flatter de voir se réaliser, de sitôt au moins, si tant est qu'il doive arriver, un résultat si désirable.

Je le demande, avec assurance, aux hommes habitués à réfléchir sur la matière industrielle, surtout à l'*utiliser*, en est-il un seul qui pourrait, avec confiance, prononcer affirmativement sur cette question?

Le mal, d'ailleurs, serait instantané : la compensation, en admettant même son existence, serait lente et tardive.

Y aurait-il dès lors parité?

Tout homme qui a pu apprécier par lui-même des révolutions, ne doit-il pas être convaincu que toute comparaison qui doit amener à un résultat probable est nécessairement vicieuse, par cela seul que l'élément du temps est l'une des bases de l'objet de comparaison, sans l'être en même temps de l'objet qu'on lui compare?

Ne serait-ce pas d'ailleurs se faire par trop d'illusion que d'espérer que, par cela seul que l'intérêt de l'argent diminuerait, tous les objets de consommation diminueraient dans un égal rapport?

Tous les antécédens ne prouveraient-ils pas le contraire?

Lors du passage des livres tournois en francs, les objets à vendre ont-ils diminué de prix, dans le rapport de la plus-value du franc sur la livre tournois?

Croit-on que si, par le résultat d'une puissance quelconque, la valeur du marc d'argent diminuait de moitié, les objets de consommation diminueraient également de moitié, surtout instantanément?

Se fait-on une idée assez juste de l'influence de l'habitude?

Voudrait-on en outre écarter, relativement aux conséquences de la réduction, une considération trop évidente pour qu'il soit nécessaire, même prudent d'y trop insister.

La richesse métallique ne connaît pas de patrie. Son domicile est toujours le lieu qui lui présente le plus d'avantages.

Le taux de nos rentes, celui de nos intérêts, ont attiré en France une grande quantité de capitaux, qui a pu, jusqu'à un certain point, remplir le vide que nous avaient occasioné les résultats des deux occupations.

Nos manufactures, notre industrie, s'en sont ressenties.

Quand l'appât cessera, ce secours disparaîtra.

Le préjudice qu'elles pourront en éprouver sera-t-il compensé par la diminution de la main-d'œuvre?

L'ultimatum des raisons, dans ce genre de

discussion, consiste, trop souvent, dans cette argumentation :

L'Angleterre le fait : donc nous devons le faire, si nous en avons la possibilité.

Nous prendons aussi l'Angleterre, et ce qui s'y passe, pour justifier nos craintes d'une *déception* dans cette perspective, ou cette attente d'une diminution de prix des objets de consommation.

On nous accordera, facilement, que le taux de l'intérêt est faible en Angleterre, et, sans peine aussi, l'on conviendra qu'en Angleterre le prix des objets de consommation est très-élevé, et *qu'il y fait cher vivre*.

Cependant l'intérêt y est plus faible qu'en France.

Le bas prix de l'argent ne fait donc pas baisser celui des marchandises.

Voyez l'Angleterre, et jugez.

Et d'ailleurs n'est-il pas trop évident que la *position*, les *finances*, l'*industrie*, l'*esprit*, l'*imagination*, les *goûts*, la *civilisation*, les *usages*, les *habitudes*, enfin presque tout ce qui constitue la prospérité, même l'existence des nations, diffèrent tellement en Angleterre et en France, qu'en bien des circonstances, notre intérêt bien entendu pourrait nous porter à faire précisément le contraire de ce que fait l'Angleterre.

Faudrait-il donc qu'en ce point encore, notre *conviction* ne pût s'asseoir et s'affermir que par de *malencontreuses* tentatives?

Quand, comme l'Angleterre, nous aurons en notre faveur une balance de commerce extérieur *colossale* dans ses résultats avantageux, nous pourrons alors, dans l'intérêt même de l'Etat, changer de langage, et donner, par cela même, une nouvelle preuve que notre esprit national a la même direction et la même intensité.

Mais, jusque là, il me serait impossible d'écarter de moi le sentiment de la plus intime conviction que,

Dans la situation actuelle de la France, la réduction ne présenterait, dans son ensemble, et en définitive, pour les contribuables, que des résultats de *détérioration* qui ne pourraient être compensés que par un accroissement proportionnel d'amélioration dans la balance de notre commerce extérieur.

Mais ce genre d'amélioration repousse surtout tout genre d'illusion.

La balance du commerce extérieur dépend, relativement à la nature de ses résultats, d'un si grand nombre de données particulières, souvent même disparates entre elles, qu'il est toujours prudent, à leur égard, d'y *concourir* avec persévérance et espoir, mais de ne pas, avec trop de précipitation, en *préjuger* les résultats, même lorsqu'ils semblent être le fruit d'une saine *prévision*.

En cette partie, il n'existe de véritable démonstration que l'existence du fait.

En voyant sous cet aspect la position de nos voisins, les plus zélés partisans de la prospérité de la France doivent se borner à *persévérer* et à *espérer*, mais sans *affirmer*.

L'importance de cet objet, et son rapport direct avec le but de cet écrit, me forcent de le traiter ici, au moins succinctement.

Quand un État a éprouvé une perte *absolue* dans la masse de son numéraire (malheureusement, nous sommes dans cette position pour une somme qui ne peut pas être évaluée au-dessous de 600 millions), aucune mesure, bornée aux *rapports de l'intérieur*, ne peut la réparer : la balance avantageuse du commerce est la seule *source* qui puisse atteindre ce but.

En soi, les élémens positifs de la balance du commerce extérieur reposent sur des élémens simples.

Si la valeur des exportations dépasse celle des importations, il y a, pour la première position, *accroissement de numéraire*, pour la seconde, au contraire, *diminution de numéraire*.

Or, comme dans les rapports d'un État avec les autres nations, la proportion de son numéraire est un élément indispensable de sa *prépondérance*, le but constant de tout bon gouvernement doit être, sous le point de vue de la *prospérité publique*, d'employer les moyens matériels et moraux qui sont en sa puissance, pour que l'*agriculture*, les *manufactures* et l'*industrie* satisfassent, s'il est possible, la totalité des besoins de ses gouvernés, et même les dépassent pour satisfaire également à tous les besoins des nations avec lesquelles il est en rapport.

La balance la plus avantageuse du commerce se reporte toujours sur les nations qui atteignent ce but.

Mais comme les résultats annuels de la balance du commerce extérieur ne sont, pour la plupart des nations, qu'une faible fraction du numéraire circulant, ce ne serait, dans une position ordinaire, qu'au bout de bien des années qu'on pourrait, par le *fait*, apprécier la situation comparative de la richesse d'un Etat, sous le point de vue de la circulation de son numéraire.

Cette connaissance tardive rendrait dès lors le mal presque *irréparable*, en ôtant tout moyen d'y remédier efficacement en temps opportun.

Il importe donc essentiellement à la sollicitude de tout gouvernement prévoyant, non seulement d'encourager la latitude des moyens du commerce extérieur, mais encore de publier *annuellement*, et sans *réserve*, ses résultats vrais.

Cette publication diminuerait au moins les difficultés qu'on éprouve toujours, en cette partie, pour déduire, d'après les résultats apparens, des conséquences parfaitement exactes.

Nos voisins jouissent depuis long-temps de leur *persévérance* de perfectionnement en ce genre.

La balance de leur commerce extérieur est réellement *colossale*.

Un tel résultat ne contribue pas peu sans doute à leur *influence directe ou indirecte*, *médiate ou immédiate*, *sourde ou ostensible*, sur les combinaisons de toutes les autres nations du globe.

Est-il beaucoup d'*oppositions* qui résistent à *beaucoup d'argent* et *à tact fin* dans son emploi ?

Un tel levier rencontre-t-il jamais de résistance *durable* et surtout *insurmontable ?*

A égalité d'autres circonstances, l'extension des exportations dépend de la *diminution du prix*, et de *l'augmentation de la qualité des objets exportés*.

Ainsi, toute nation qui jouit d'une balance favorable du commerce extérieur réunit, nécessairement, les trois avantages suivans de fabrication ou de production :

Extension de fabrication ou de production,
Economie de fabrication ou de production,

Amélioration de fabrication ou de production:

Tels sont les trois élémens indispensables de la prépondérance du commerce extérieur.

L'amélioration dépend, principalement, des *soins*, de l'*intelligence*, et de la *capacité* des directeurs de manufactures ou d'exploitations;

La *diminution de prix* dépend

Du *génie* des directeurs, qui leur fait imaginer et mettre en pratique des modes de fabrication et de production plus simples, plus assurés et plus économiques, et qui, par suite, leur fait obtenir des résultats plus parfaits;

De la *diminution dans les taux d'intérêts des secours en argent nécessaires à la formation ou à la vitalité des établissemens.*

En approfondissant ces causes d'*influence*, on reconnaît:

Que la première a tous les genres d'*avantages*, sans nul *inconvénient;*

Que la seconde, au contraire, a et des *avantages* et des *inconvéniens*, et que ce n'est que par la balance de ces résultats inverses qu'on doit se déterminer à la *désirer* ou à la *délaisser :*

En effet, l'influence du génie est une création, une addition aux richesses déjà existantes d'un

Etat; cette influence *améliore* aussi-bien les *rapports intérieurs* que les *rapports extérieurs.*

En vain dirait-on qu'elle enlève à la multitude des bras un emploi direct.

Pour un Etat industrieux, chez lequel le génie, soit d'*invention*, soit d'*application*, n'est pas étranger, il ne peut jamais exister trop de bras; les limites du *sol* pourraient seules altérer ce principe; mais les *colonisations, application d'une si immense importance,* et qui, sans doute, devrait exciter bien plus encore toute notre *sollicitude,* rétablissent promptement l'équilibre, et augmentent d'autant la latitude des richesses.

Quant à la seconde cause d'influence, savoir, la *diminution du taux de l'intérêt,* elle mérite, sous tous les rapports, l'examen le plus *réfléchi*, surtout pour établir, autant que possible, la *balance* entre ses *avantages* et ses *désavantages.*

Que de *motifs impérieux* pour faire *apprécier* la *nécessité* de s'occuper, *sans délai,* sous le point de vue de l'*amélioration* du commerce extérieur et de la *publication* de ses résultats, de cette branche de revenu, qui, par ses conséquences médiates et immédiates, est l'une des plus importantes de notre administration financière!

On ne peut, à la vérité, se dissimuler que, sur tous ces points, des *tentatives suivies avec persévérance* rencontreront des difficultés et des obstacles, ne fût-ce que celui de l'*inertie.*

Peut-être même arriverait-il que des concurrences étrangères, redoutant les conséquences de notre changement de direction, *dénatureraient*, peu à peu, leurs démonstrations *amicales*, et dès lors se *prononceraient*, ouvertement et nettement, en leur en supposant la *possibilité*.

Laissant, provisoirement, dans le *vague* ce genre d'*éventualité*, toujours ne serait-il pas inutile, sans égard pour toute influence d'amour-propre, de se dire, en commençant à marcher dans cette voie :

Sous l'aspect des tentatives, la difficulté la plus réelle est de n'être pas assuré de la probabilité de réussite, et surtout de douter que d'autres aient utilement suivi la même voie.

Cette certitude acquise, le *succès* ne doit plus sembler *incertain*.

Ce qu'un homme a fait, un autre homme peut le faire.

Ce qu'un homme a fait, un Français doit indubitablement le faire.

Ce que personne n'a fait, un Français peut, raisonnablement, tenter de le faire.

Pouvoir est notre qualité,
Vouloir doit être notre guide.

Nous sommes gouvernés par des *Bourbons*,
Nous sommes *Français*,

Maintenant, nous avons véritablement une *patrie.*

Dès lors, malgré les difficultés,

Le succès est assuré

De la réduction des rentes, considérée sous le rapport de ses diverses influences.

Les influences de la réduction des rentes sont de trois genres; je les traiterai séparément.

Premier aspect.

De l'influence de la réduction de l'intérêt des rentes, et, par suite, de l'intérêt légal, sous les rapports intérieurs et extérieurs.

Supposons les revenus d'un État de. . . . . 4,200,000,000 fr.

Tel est le revenu approximatif de la France actuelle.

Supposons que les charges rentières de cet État s'élèvent à. . . . . 200,000,000 fr.

Telle est encore la position de la France.

Supposons de plus que les débours des contribuables de cet Etat, nécessités par ses besoins, s'élèvent à. . . . . 800,000,000 fr.

C'est à peu près ce qui existe en France.

Supposons enfin que les dépenses de l'Etat s'élèvent à. . . . . 900,000,000 fr.

Telle est maintenant notre dépense annuelle.

Si, par une mesure quelconque, le gouvernement parvenait à réduire, *généralement*, d'un *cinquième* le taux *légal* de l'intérêt, il éprouverait, ainsi que les contribuables, un soulagement de. . . . . 180,000,000 fr.

Mais, en même temps, cette diminution *générale* du taux de l'intérêt *légal* produirait dans le *revenu* de l'Etat une diminution de 840,000,000 fr.

D'où résulterait, définitivement, pour les contribuables, une *diminution de revenu* de. 660,000,000 fr.

Considérée dans les *rapports d'intérieur*, la *perte* résultante de cette diminution de revenu ne serait *absolue* qu'autant que, jusqu'à due concurrence, il ne s'établirait pas, *proportionnellement*, ce qui est plus que *probable*, un équilibre parfait entre les objets de consommation et leurs signes représentatifs.

Considérée dans les *rapports extérieurs*, la *perte* résultante de cette diminution de revenu serait *absolue*, et restreindrait d'un *cinquième* les *jouissances* procurées à chacun des membres de l'Etat par les *importations*, dans le cas, et *proportionnellement*, où il ne s'établirait pas, ce qui est très-vraisemblable, un équilibre parfait entre le produit des *moindres bénéfices plus abondans*, et le produit des plus *grands bénéfices moins abondans*

Deuxième aspect.

De l'influence de la réduction de l'intérêt des rentes, sans, par suite, réduction de l'intérêt légal, sous l'aspect de l'inégalité de répartition de la réduction sur les divers genres de richesses.

Admettons, pour la fortune d'un Etat, en tous genres. . . . . 84,000,000,000 fr.

Telle est celle de la France.

Ce capital représente, au taux légal de 5 pour cent, un revenu de. . . . . 4,200,000,000 fr.

Admettons une émission de rentes de. . . . . 200,000,000 fr.

Représentant, au pair de 100 fr. pour 5 fr., un capital de. . . . . 4,000,000,000 fr.

Admettons que les besoins de cet Etat s'élèvent à. . . . . . 900,000,000 fr.

Ce sont les besoins annuels de la France.

Il en résultera que chaque 100 fr. de revenu contribuera aux besoins de l'Etat pour 21 fr. 43 c.

Supposons maintenant qu'on parvienne à ramener à 4 pour 100 le taux d'intérêt des rentes émises à 5 pour 100, sans, toutefois, changer, *généralement*, le taux *légal* de 5 pour 100 : il y aurait, sur l'ensemble des 200,000 fr. de rentes, une réduction de 40 millions, et, conséquemment, pour le gouvernement, une diminution de dépenses annuelles de pareille somme.

Dès lors, les besoins du gouvernement se trouveraient réduits à. . . . . 860,000,000 fr.

Ce qui, relativement à la fortune de l'Etat, ne formerait, pour chaque 100 fr. de revenu individuel, que. . . . . 20 fr. 48 c.

Dans cette position, les possesseurs des 160 millions de rentes restant après réduction contribueraient pour leur part aux besoins de l'État, pour . . . . . 40,950,000 fr.

Par le fait de la réduction, ils y auraient en outre contribué pour. . . . . 40,000,000.

Total de leur part contributive. . . . . 80,950,000 fr.

Avant la réduction, cette part contributive n'aurait été que de. 42,860,000.

Il existerait donc, entre ces deux quotités de part contributive, une différence, à leur désavantage, de . . . . 38,090,000 fr

Qui, en rapport avec les deux cent millions de rentes, donne, pour chaque 100 fr. . 19 fr.

Ainsi, par le fait de la réduction, les richesses de l'État, autres que la richesse rentière, seraient soulagées, par chaque 100 fr., de. . 0 fr. 95 c.

Tandis que la richesse rentière serait surchargée, par chaque 100 fr., de. . . 19 fr.

Une telle inégalité de repartition suffirait, à elle seule, pour faire rejeter la réduction.

Troisième aspect.

De l'influence de la réduction des rentes sur la fortune industrielle, dans la supposition que la réduction de l'intérêt légal s'ensuivra, et dans la supposition que la réduction de l'intérêt légal ne s'ensuivra pas.

Supposons qu'un homme industrieux, ayant employé aux ateliers de son exploitation les cent mille francs qu'il avait, trouve à emprunter, au taux de 6 pour 100, cent autres mille francs, qui lui sont nécessaires pour le courant de l'exploitation.

Supposons qu'à la fin de l'année, le bénéfice de son commerce s'élève à 15,000 fr. et qu'il en distraie 6,000 fr. pour l'intérêt du prêt : il lui restera 9,000 fr., pour l'intérêt de sa mise de fonds de premier établissement, et pour la représentation de son travail et de son industrie.

Supposons que, plus tard, par une mesure

quelconque, l'intérêt légal des capitaux ait été, directement ou indirectement, ramené à trois pour cent.

Voyons d'abord la position où se trouverait cet homme industrieux, si, malgré cette diminution d'intérêts, les produits de l'industrie n'éprouvaient pas une diminution proportionnelle de prix.

Dans cette position, le manufacturier aurait à ajouter à ses bénéfices trois mille francs; ils seraient dès lors de 12,000 fr. au lieu d'être de 9,000 fr.

Mais, en même temps, le revenu du capitaliste prêteur se trouverait diminué de 50 pour 100.

L'inégalité comparative de la répartition de la mesure serait donc de 85 pour 100.

Supposons, maintenant, que le prix des objets de besoin et d'agrément baisse dans le rapport de la réduction *générale* de l'intérêt de l'argent :

Le même homme industrieux n'aurait à supporter que 3,000 fr. pour l'intérêt des 100,000 fr. qu'il aurait empruntés; mais, en même temps, ses produits manufacturiers ne lui procureraient qu'un bénéfice brut de 7,500 fr., et, en déduisant les 3000 fr. de l'emprunt, il ne lui resterait que. . . . 4,500 fr.

pour l'intérêt de sa mise de fonds de premier établissement, et pour la représentation de son travail et de son industrie.

Certainement, cet homme industrieux aurait préféré sa première position à la seconde, surtout si son genre d'industrie lui nécessite beaucoup d'importations de matières premières.

Conséquences de ces aspects.

Il est donc incontestable

Que toute réduction d'intérêts des rentes émises à un taux plus élevé est,

Ou comparativement injuste envers les intérêts rentiers, et les intérêts mobiliers ;

Ou, au moins, désavantageuse, si ce n'est directement dans les rapports d'intérieur, au moins indirectement dans les rapports d'extérieur, aux intérêts fonciers, mobiliers et industriels, et, par suite, aux intérêts directs de l'Etat.

Si cette réduction ramenait au taux légal le taux primitif, censé le dépasser, elle serait onéreuse, et pour les possesseurs de rentes, et pour les contribuables, par suite pour le gouvernement.

Si cette réduction réduisait le taux primitif à un taux inférieur au taux légal, il y aurait double injustice pour le rentier, d'abord parce qu'il perdrait son droit acquis par les conventions, en second lieu parce qu'il perdrait même portion du droit qui lui était acquis par la loi.

Et si, par suite de la réduction à un taux inférieur au taux légal, le taux de tous les genres de richesse éprouve une diminution proportionnelle, la perte devient générale.

Pour les rapports d'intérieur, et dans la supposition toutefois que le prix des objets de consommation diminuerait proportionnellement à la réduction, elle ne serait que *relative*, et conséquemment de peu d'influence.

Elle serait absolue, dans les rapports à l'extérieur, s'il ne s'établissait pas un équilibre exact entre le produit des *moindres bénéfices plus abondans*, et le produit des *plus grands bénéfices moins abondans*.

Balance passive de la réduction, sous le rapport des jouissances d'importation.

La fortune, en tous genres, des 86 départemens de la France est, en capital, de

83,573,408,585 fr.

Au denier vingt, elle représenterait un revenu de

4,178,670,429 fr.

Au denier vingt-cinq, elle ne représenterait qu'un revenu de

3,342,936,343 fr.

D'après les données du gouvernement, les importations de la France s'élèvent environ à

440,000,000 fr.

On peut donc dire que la dixième partie, même plus, des revenus de la France, est consacrée à des objets d'importations.

Or, comme, par la réduction, le revenu de la France, et, conséquemment, la somme consacrée aux importations, se trouverait réduite d'un cinquième, les jouissances procurées aux habitans de la France, par les importations, se trouveraient diminuées de . . . . 88,000,000 fr.

Qui représentent, au denier vingt-cinq, un capital de. . . . . 2,200,000,000 fr.

A quoi il conviendrait d'ajouter les millions, *plus ou moins nombreux,* auxquels s'élèveraient les avantages directs ou indirects *des principaux traitans, de leurs acolytes, de leurs affidés, de leurs partisans, apparens ou non apparens, mais couverts de leurs manteaux ;* avantages compris dans les dénominations génériques de *remises, commissions, retards, escompte,* et autres *d'usage,* qu'encaisseraient, probablement *avant tout,* les maisons, sans doute en grande partie étrangères, qui donneraient un appui, *plus de forme que de réalité*, au plan, et à son exécution.

Je l'ai dit, je le répète, et je le répéterai tant que ma voix pourra se faire entendre, parce que j'en suis plus intimement convaincu que jamais :

Il n'y a qu'un plan d'ensemble, bien combiné, bien mûri, et exécuté, de toutes parts, avec une conviction d'amélioration évidente et assurée, qui puisse nous sortir enfin du cercle vicieux dans lequel nous nous trouvons, et dans lequel les contribuables, lésés outre mesure, ne peuvent même pas jouir, comme bien faible soulagement, de la *douce illusion* (je suppose à tous un sens droit et sain) *d'assigner, avec certitude, l'époque où, enfin, ils pourront, pour eux et pour les leurs, renaître au bonheur.*

Résultats pécuniaires, directs ou indirects, de la réduction des rentes.

L'ensemble des idées de M. le Ministre des finances devait, dans sa rédaction, lui présenter de *grandes difficultés.*

D'un côté, appuyant la conception du plan, auquel il avait donné son *assentiment*, sur la nécessité de réparer le dommage que le cours de 100 fr. (5 pour cent) apporte à la fortune publique, il fallait admettre pour les trois pour cent un cours réel de 75 fr., *sans oscillation.*

Mais en même temps, ayant sans doute le sentiment de conviction (j'ai trop grande idée des *lumières*, de *la droiture* et de la *perspicacité* de M. le Ministre des finances pour n'en pas être convaincu) que l'exécution du plan serait complétement *impraticable*, si les propriétaires des cinq pour cent exigeaient leur remboursement, il a dû leur donner l'espoir que les trois pour cent s'élèveraient au dessus de 75 fr. : autrement, sans cet *espoir*, et surtout avec l'*idée contraire*, ces propriétaires , à moins que leur *manie* et leur *état fébrile* ne se fussent encore empirés, et qu'ils ne fussent complétement tombés en *démence*, exigeraient leur remboursement, sauf à faire, par eux-mêmes, et en temps *opportun*, l'emploi, avec *bénéfice*, du produit de leur *remboursement.*

Dès lors, le gouvernement se verrait forcé de *reculer*, et d'avouer qu'il avait trop compté sur ses forces, ou, au moins, sur *celles de ses traitans.*

Combien il aurait fallu d'art pour *déguiser complétement* ces deux directions contraires !

Certes, Monsieur le ministre des finances n'en manque pas.

Mais l'intérêt personnel ne donne - t - il pas

de la *perspicacité* à ceux-là même qui, en toute autre circonstance, en sont dépourvus?

« La conversion une fois opérée, dit Monsieur « le ministre des finances, vous avez réduit de « trente millions les charges annuelles de l'Etat (ce qui devrait faire supposer que ce n'est pas ce genre de ressource que monsieur le ministre des finances entend appliquer à l'indemnité des émigrés); vous avez substitué à des effets publics con- « stitués à cinq pour cent, et dans le cours desquels « la crainte du remboursement ou la diminution « de l'action de l'amortissement devait jeter la per- « turbation que nous observons à la bourse en ce « moment; vous avez substitué, dis-je, des trois « pour cent que vous avez émis au cours de 75 fr., « c'est-à-dire au taux qui fait ressortir le capital « des porteurs des cinq pour cent au pair, et fixe « leur intérêt à quatre; mais vous avez dégagé cet « effet de la crainte du remboursement ou de la « diminution de l'amortissement. Il peut gagner « 33 pour cent avant que vous rentriez dans le droit « de le rembourser; et comme plus ce nouvel effet « montera, plus vous accroîtrez la richesse publique « en capitaux, et plus vous aiderez au développe- « ment de votre prospérité, en diminuant les in- « térêts de l'argent, vous devez ménager avec le « plus grand soin à l'amortissement toute la force « possible pour vous aider à atteindre ces résultats. »

Un bénéfice de 33 pour cent, pour le porteur

des cinq pour cent, suppose le cours des trois pour cent au pair, c'est-à-dire à 100 francs pour chaque trois francs de rente (trois pour cent).

Monsieur le ministre des finances, dans un autre endroit de son discours, dit en outre, relativement à ces objets :

« La mesure que nous proposons produira une « réduction de 28 à 30 millions sur les dépenses « annuelles de l'Etat (nouvelle preuve, car la duplicité ne peut se supposer, que ce n'est pas avec cette ressource que Monsieur le ministre des finances entend indemniser les émigrés), sans di- « minuer en rien la puissance de la caisse d'amor- « tissement, sans aggraver les conditions des nou- « veaux emprunts, que des besoins extraordinaires « pourraient dans la suite rendre *indispensables*, « enfin en opérant dès ce moment la réduction « des intérêts de la dette publique au taux de quatre « pour cent, et en émettant des titres qui peuvent « s'améliorer en capital, jusqu'à ne plus porter « qu'un intérêt de trois pour cent. »

En émettant des titres qui peuvent s'améliorer en capital, jusqu'à ne plus porter qu'un intérêt de trois pour cent.

N'est-ce pas là la perspective des trois pour cent s'élevant au pair de cent francs ?

D'un autre côté, voyons ce que dit le *Moni-*

teur, journal qui, dans cette circonstance, peut être considéré comme *officiel.*

Après avoir détaillé plusieurs avantages que le plan doit, dans sa *supposition*, procurer aux propriétaires des cinq pour cent, il ajoute :

« Cette combinaison aura encore pour les créan-
« ciers actuels un autre avantage : elle leur ouvrira
« la chance d'un bénéfice prochain sur la vente de
« leurs nouvelles inscriptions ; celles-ci ne leur re-
« viendront qu'à 75 pour cent, et il est probable
« qu'elles ne tarderont pas à s'élever au-dessus de
« ce taux.

« L'opération projetée est donc légale et même
« *généreuse* (nouvelle preuve, pour nous auditeurs, que les plus *instruits* peuvent encore, à *chaque instant*, acquérir de nouvelles *connaissances*) pour les créanciers, en même temps
« qu'elle est économique (c'est ce que nous vérifierons *matériellement* dans quelques instans)
« pour l'État, c'est-à-dire, pour les contribua-
« bles.

« Mais d'autres considérations la recommandent
« encore à la reconnaissance des hommes de toutes
« les classes. Le haut intérêt que paie le gouver-
« nement influe d'une manière fâcheuse sur le taux
« des emprunts entre particuliers. (Aurait-on oublié que le taux fixé par la loi ne peut être violé *impunément, si ce n'est toutefois par le gouvernement, lorsqu'il emprunte, à moins qu'il*

n'entende se couvrir du manteau d'emprunt à grosse aventure). Il en résulte que les capitaux « affluent dans les fonds publics, tandis que l'agri- « culture et l'industrie les appellent en vain, ou « ne les obtiennent qu'à des conditions trop oné- « reuses. Cet état de choses fera place à une dis- « tribution plus salutaire des capitaux, dès que « le placement sur l'État produira un intérêt moins « élevé. Le taux inscrit des trois pour cent, qui « d'abord ne va être que nominal, deviendra pro- « gressivement le taux réel, à mesure que le cours « des nouvelles rentes approchera du pair. »

A mesure que le cours des nouvelles rentes (trois pour cent) *approchera du pair* (100 fr. pour 3 fr., ou 133 fr. 33 c. pour 5 pour cent réduits à 4).

Est-il rien de plus positif ?

Cours de 100 fr. (3 pour cent) entrevu *prochainement*, comme grande *probabilité*, et signalé aux rentiers, comme perspective de *bénéfice* (par synonymie, comme perspective de grande *perte* pour les contribuables).

On conçoit donc la possibilité, même l'espoir, que les trois pour cent s'élèveront à 100 fr., ce qui placera la caisse d'amortissement dans une position parfaitement analogue à celle où elle se serait trouvée si, sans réduction, les 5 pour cent se fussent élevés à 166 fr. 67 c.

A 100 francs, il y avait dommage pour la fortune publique ; cela est évident.

Même bien au-dessous de ce taux, il y aurait déjà eu dommage, résultant des taux de nos *négociations* et de nos *rachats*.

Quoi qu'il en soit, monsieur le Ministre des finances fixe à 100 fr. le moment de la réparation du dommage.

Mais à 133 fr. pour 5 fr. réduits à 4 (le cours étant de 100 fr. pour 3 fr.), ce dommage serait encore bien plus considérable.

Ainsi, si, comme le *Moniteur* l'annonce, les trois pour cent s'élèvent à 100 fr., le dommage résultant de l'amortissement, loin de se trouver amoindri, se sera au contraire accru de 33 pour cent (accroissement dont bientôt nous établirons matériellement l'importance), sauf, toutefois, jusqu'à due concurrence, l'avantage procurée aux contribuables par le fait immédiat de la réduction, avantage qui diminuera d'autant plus que les cours s'élèveront, et que, par suite, l'intérêt s'abaissera.

Il peut gagner 33 *pour cent.*, dit M. le ministre des finances.

Plus ce nouvel effet montera, ajoute-il, *plus vous accroîtrez la richesse publique en capitaux, et plus vous aiderez au développement de votre prospérité, en diminuant les intérêts de l'argent.*

Ainsi,

Il faut que les trois pour cent baissent au-dessous de 75 fr., pour réparer le dommage que ce prix de 75 fr. occasione à la fortune publique.

Il faut que les trois pour cent s'élèvent au-dessus de 75 fr. pour accroître la richesse publique, et pour aider le développement de la prospérité de l'État.

Il faut choisir entre ces deux voies.

Laquelle doit être préférée ?

L'une exclut forcément l'autre.

Il faut donc, sous cet aspect, se livrer à toutes les *chances de l'avenir.*

Dans ce nouvel état d'incertitude, tous les ordres de probabilités tendent, *malheureusement*, à une *détérioration*, trop fortement *prononcée*, de la *position*, déjà très-*affligeante*, des contribuables;

Ces probabilités doivent faire présumer qu'ils paieraient très-chèrement cette *gracieuseté* momentanée;

Ce serait pour eux de l'argent emprunté à un *très-immense intérêt.*

En effet, les *manies* de l'esprit ou de l'imagination ne se guérissent pas aussi facilement que celles du corps.

Si le *tact* de Monsieur le ministre des finances a été *juste*, dans son *opinion* et dans *l'expression de sa pensée*, relativement à ceux qui consacrent des fonds aux effets publics, *la fièvre chaude*, et la *manie* de ce genre de capitalistes, ne peuvent être révoquées en doute.

Mais l'expérience des siècles a prouvé que cette maladie est *incurable.*

Ces *maniaques à fièvre chaude* feront donc ce que font bien des gens qui, *éprouvant* des pertes, ne sont pas assez *sages* pour les oublier; ils courront de nouvelles *chances* pour les réparer.

Des *récidives*, allégeant leurs bourses, ne feraient même qu'accroître leur *délire*, si toutefois il y a du délire à concourir, à ses propres *risques*, à ce que le gouvernement dit être *l'accroissement de la richesse publique, et le développement de la prospérité de l'État.*

Ils persisteront donc, jusqu'à extinction de forces et de *moyens*, dans leur *impénitence finale*, dans leurs habitudes, si l'on veut même dans leur *fièvre chaude*, dans leur *manie*.

Le goût du jeu et des *chances hasardeuses* est, je le répète, complétement incurable.

Accordant dans ce sens, sans cependant tirer à conséquence, à monsieur le ministre des finances, que ceux qui consacrent des fonds aux négociations des effets publics sont des *maniaques à fièvre chaude*, on pourrait admettre, avec encore plus de vérité, que les malheureux qui se laissent prendre aux *piéges* (il s'en faut que ce mot soit encore assez *expressif*), de la loterie *royale* sont des *fous*, à moins qu'on ne veuille se borner à les envisager comme des *dupes*.

En effet, en prenant le total de toutes les mises à la loterie de France, depuis 1800 jusqu'en 1823;

En prenant de même le total de tous les lots gagnans à la loterie, pendant le même espace de temps,

On trouve que la perte moyenne sur chaque 100 fr. de mise est de

30 3/4 pour cent.

Considérant donc, comme n'étant qu'une seule propriété, la fortune de l'ensemble des joueurs, on trouve, en supposant que cette fortune soit de. . . . . 15,477,701 fr.

Qu'elle sera, à la fin de l'année, diminuée des 93/100.

Autant vaudrait-il dire que les joueurs seraient ruinés, car ce serait faute d'avoir pu alimenter une dernière mise qu'ils jouiraient encore de ces faibles débris.

Depuis trente ans on se récrie contre l'*immoralité* de la loterie royale.

Elle *surnage*. Elle *survit*.

Dans trente ans, on appliquera peut-être encore aux placemens dans les fonds publics la qualification de *manie* et de *fièvre chaude*.

Encore, à cette époque, *on placera, on spéculera,* même avec plus de facilité : car si l'on ne sort pas enfin de la voie *ruineuse* dans laquelle on s'est engagé, dans trente ans la *matière* à spéculation, loin d'être diminuée, aura pris une amplitude qui pourrait, par ses résultats, rappeler, trop efficacement, de bien tristes *souvenirs*.

Je n'y songe qu'avec un *sentiment d'effroi*, qui *trouble* le *bonheur* que nous devons à notre *bon Roi*.

En France, les *idées,* même les *sensations,* n'ont que peu de durée; à peine s'occupe-t-on le lendemain de l'objet de la veille.

Les pertes provenantes de la réduction seront donc, sans doute, bientôt *oubliées*.

On spéculera dès lors sur nouveaux frais, et, probablement, avant un an, les prophéties du *Moniteur* se réaliseront (en cela, au moins) et les trois pour cent approcheront du cours de 100 fr., c'est-à-dire de leur pair.

D'un autre côté, les *propriétaires fonciers*, croyant jouir d'un soulagement, très-léger, très-momentané, mais sur tout très-peu *réel*, oublieront promptement les énormes compensations de ces appâts plus que *dangereux,* de ces appâts *ruineux;* ce ne sera qu'au bout de plusieurs années, en faisant leur balance de situation, qu'ils reconnaîtront, d'une manière *palpable*, combien elle s'en trouve détériorée.

Alors il ne sera plus temps, il n'y aura plus de remède.

A la vérité, sous cet aspect, il ne résultera, en définitive, que déplacemens de fortune, sans perte réelle pour l'État.

J'en conviendrai.

Mais ce déplacement ne serait-il donc pas suffisant ?

Ne serait-ce pas là un bouleversement réel, quoique *paisible?*

Faudrait-il donc, pour *exciter* notre *sollicitude*, des *renouvellemens d'occupations étrangères*, qui ont été ruineuses, non seulement pour les particuliers, mais même pour l'Etat !

Tous les ordres de probabilité se réunissent donc pour prouver

Qu'il n'y aura pas de réparation des dommages qu'on a signalés;

Qu'il y aura au contraire une augmentation immense de dommage, qui accroîtra les sacrifices déjà immenses des contribuables.

Ainsi donc, d'après les propositions diverses de monsieur le Ministre des finances et du *Moniteur*,

D'après la connaissance du cœur humain,

D'après l'expérience des antécédens,

D'après l'état constaté des capitalistes consacrant leurs fonds aux rentes, reconnus dans un état de *fièvre chaude*, et de *manie*, *invétérée*, et, heureusement pour le gouvernement, *incurable ;*

Nous pouvons considérer comme plus que probable l'élévation des cours au-dessus de 75 fr.

Les *élémens* du plan suffiraient *seuls* pour établir la *probabilité* de cette *hausse* des 3 pour cent.

En effet, au *premier aspect,* on pourrait *présumer* que,

Ne voulant *allouer* aux rentiers que quatre mille francs de revenu, au capital de 100 fr., en *échange* des 5 mille francs de revenu dont ils jouissaient, au capital pareil de 100 fr.,

Il était indifférent

De *créer* des 4 pour cent au capital de 100 fr., et de donner aux rentiers quatre mille fr. de ces pour cent, contre 5 mille fr. de leurs 5 pour cent. ;

Ou de *créer* des 3 pour cent, au capital de 100 fr., et de donner aux rentiers, au taux de 75 fr., 4,000 fr. de ces trois pour cent.

Dans ces deux cas :

Le *capital nominal* du rentier n'aurait pas éprouvé de *diminution ;*

Seulement, son *revenu* se serait trouvé *diminué* d'un *cinquième*.

Mais ce qui était, en *soi, indifférent* pour les rentiers, ne l'était *nullement* pour les *traitans*.

Ils savent, et, en cette partie, on peut dire qu'ils sont *passés maîtres*, que, sur la place, il est rare que les cours *dépassent* les *valeurs nominales* du gouvernement, et que quand cela arrive, ce n'est que par contrainte, *passagèrement* et sans *fixité*.

Mais ils *savent* aussi, et des *expériences récentes* les en auront *convaincus*, que, dans l'*état* rsutout où se trouve la France, quelques sacrifices et des *appuis puissans* suffisent pour *élever* les effets du gouvernement jusqu'à leur *valeur nominale*.

On conçoit dès lors qu'il ne pouvait pas leur être *indifférent* de recevoir, soit par *traité*, soit par *achat*, pour un déboursé de 100,000 francs 4,000 fr. de rentes, en 4 pour cent, au cours nominal de 100 fr., ou 4,000 fr., en trois pour cent, au cours de 75 fr.

Dans les deux cas, leur *revenu* était le même, mais leur *capital* nominal était *différent*.

Ainsi, en prenant, *valeur nominale*, des quatre pour cent, ils ne pouvaient avoir qu'un faible *espoir* d'y *gagner*, et ils auraient eu *probabilité* d'y *perdre*.

En prenant, au contraire, des 3 pour cent à 75 fr., quoique leur valeur nominale fût de 100 fr., ils avaient *probabilité* d'y *gagner*, et ils pouvaient même conserver l'*espoir* d'y *gagner trente-trois* pour cent.

Il s'en serait donc fallu de beaucoup que la *nature* du *mode* eût été pour eux *indifférente*.

Avec une *émission* de trois pour cent, ils pouvaient avoir *d'immenses bénéfices*.

Avec une *émission* de quatre pour cent, leurs *chances* de *bénéfice* auraient été *restreintes*, et auraient pu même devenir *chanceuses*.

Ils ont donc dû suggérer et solliciter plutôt une émission en 3 pour cent au taux de 75 fr., qu'une émission en 4 pour cent au pair ; ce qui, cependant, dans les deux cas, donne un égal revenu.

Si même ils n'eussent pas été retenus par une espèce de *pudeur*, sans doute ils auraient encore plutôt sollicité une émission en 1 pour cent valeur nominale de 100 fr. donnés à 25 fr., plutôt qu'une émission en 3 pour cent valeur nominale de 100 fr. donnés à 75 fr.

La raison en est simple.

Presque généralement, on ne considère dans les fluctuations, en hausse ou en baisse, des fonds publics, que des quotités de francs considérées comme valeur *absolue*, et non des quotités de francs considérées comme valeur *relative*.

Ainsi, supposons des 1 pour cent valeur nominale de 100 fr., donnés à 25 fr.

Si ce genre de valeur s'élève à 26 fr., on dira, assez généralement, que la hausse est de 1 fr..

Pour être plus exact, il faudrait dire que la hausse est d'un vingt-cinquième (4 pour cent).

Les spéculateurs auraient donc bien plus de facilité à égarer l'ensemble des opinions du public avec des 1 pour cent, qu'avec des 4 pour cent.

En effet, dans tous les aspects relatifs aux placemens en rentes, il faut considérer,

Le revenu,

Le capital nominal,

Et le capital vénal, c'est-à-dire le capital déduit du *cours* de la valeur.

Un homme, par exemple, qui aurait un revenu de 4,000 fr., en 1 pour cent valeur nominale de 100 fr., ne serait pas dans une semblable position qu'un homme qui aurait un revenu de 4,000 fr., en 4 pour cent valeur nominale de 100 fr.

Supposons que primitivement cet homme eût eu un revenu de 5,000 fr. en 5 pour cent valeur nominale de 100 fr., et qu'on eût voulu le réduire à un revenu de 4,000 fr., en remplaçant ses 5 pour cent, soit en 4, soit en 1 pour cent.

Pour donner à cet homme 4,000 de revenu, produit de la réduction d'un cinquième de son revenu primitif, en 4 pour cent valeur nominale de 100 fr., et pour égaliser en même temps, au moins en apparence, son capital de 100,000 fr., il faudrait lui allouer les 4 pour cent au pair de 100 fr. valeur nominale.

Pour lui donner de même 4,000 fr. de revenu, en 3 pour cent valeur nominale de 100 fr., et pour égaliser en même temps, au moins en apparence, son capital de 100,000 fr., il faudrait lui allouer les 3 pour cent à 75 fr.

Pour lui donner 4,000 fr. de revenu, en 1 pour cent valeur nominale de 100 fr., et pour égaliser, au moins en apparence, son capital de 100,000 fr., il faudrait lui allouer les 1 pour cent à 25 fr.

Dans chacun de ces cas, son revenu, réduit d'un cinquième, resterait le même. Mais son capital nominal serait différent.

En voici l'évaluation :

Avec des 5 pour cent au pair. . .	100,000 fr.
Avec des 4 pour cent au pair. . .	100,000 fr.
Avec des 3 pour cent à 75 fr. . .	133,333 fr.
Avec des 1 pour cent à 25 fr. . .	500,000 fr.

Avec des 4 pour cent, les chances de perte seraient donc beaucoup plus nombreuses pour lui que les chances de bénéfice, parce que, ainsi que je l'ai dit, les valeurs nominales des effets du gouvernenement ne peuvent être dépassées que par l'action du *jeu* qui, par sa nature, est très-*capricieuse*, très-oscillant dans sa *direction*.

Avec des 3 pour cent, il pourrait concevoir l'espoir de gagner 33 pour cent, et ne pas beaucoup craindre de perdre, parce que tous les antécédens prouvent que les valeurs du gouvernement ne baissent que *difficilement* au-dessous du taux de leur négociation; ce qui provient, sans doute, ou du grand fonds de *probité* de notre gouvernement, ou de la *prudence*, pour me servir d'un mot honnête, de ses traitans, qui, relativement à leurs *risques*, calculent toujours *tout au pire*.

Je le répète donc, ce n'a pu être que par un restant de *pudeur* que les traitans se sont, *modestement*, bornés à une émission en 3 pour cent, au lieu d'une émission en 4 pour cent.

Avec une émission en 3 pour cent, nous serons en partie *ruinés*.

Avec une émission en 1 pour cent, nous eussions été, *tous*, contribuables et rentiers, totalement *anéantis*.

Quelle *modération !*

Devons-nous leur en savoir gré ?

Non, car elle était dictée par leur propre intérêt.

« On n'avale pas les gens sans les mâcher. »

Avec *humilité*, je me place, pour un instant, dans la position des traitans, et je me demande quelle marche je devrais suivre pour tirer de mon opération le plus de *profit possible*, sans *m'embarrasser* quel pourrait être *finalement* le sort des derniers porteurs des 3 pour cent. (Encore ici le souvenir de l'un des jeux de notre enfance !)

Voici quelle serait ma *spéculation :*

Avant l'*exécution* du plan de réduction, et avant tous autres porteurs de rentes, j'obtiendrais une *émission* de 3 pour cent.

Je continuerais à soutenir à 80 fr. et même au-dessus, ainsi que j'y serais déjà parvenu *éventuellement*, le *cours* des 3 pour cent français.

Nul doute qu'alors, les porteurs des cinq pour cent, ne *préjugeant* pas au delà du *moment*, préféreraient la réduction de leurs rentes à un *remboursement.*

Cette réduction leur donnerait des 3 pour 100 au cours de 75 fr., alors que leur *valeur vénale* serait de 80 fr., et leur procurerait conséquemment la possibilité d'encaisser un capital de 107 fr. par chaque 5 fr. de leurs cinq pour cent primitifs.

Leur *intérêt pécuniaire,* ce *guide souverain*, les porterait donc à l'*option* pour la *réduction.*

Dès lors, la *réduction* s'opérerait sans *bourse délier.*

J'aurais rempli vis-à-vis du gouvernement les *obligations* de mon *traité.*

J'encaisserais les 40 millions et plus de bénéfices que j'aurais imposés.

En bien peu de temps je me *débarrasserais* avec *avantage* de tous mes trois pour cent.

J'abandonnerais les autres à *eux-mêmes*.

Leur cours *baisserait*.

D'un côté les rentiers *convertis* n'apercevraient plus dans l'*appât*, qui d'abord les aurait *séduits*, que le produit d'une *imagination romanesque* ou *finassière*.

De l'autre côté, les acheteurs voudraient, en plaçant en rentes, obtenir un intérêt de 5 pour cent.

Les premiers porteurs étaient dans une position à se borner à 4 pour cent, se diraient-ils ; ils devaient subir la loi.

Moi qui jouis encore de ma *liberté*, je veux le taux légal de 5 pour cent, et je le voudrai tant que la loi ne sera pas rapportée.

En conséquence ils ne consentiraient à acheter des 3 pour cent qu'au taux de 60 fr.

Une *débâcle générale* s'ensuivrait.

J'en *profiterais* pour me rendre de nouveau *intéressant* et *nécessaire;* pour faire *parade* de mon *prétendu zèle*, de mon *prétendu dévouement;* pour mériter de nouvelles *actions de grâce*.

J'entamerais de nouvelles *opérations*, avec des combinaisons telles que les *bénéfices* seraient encore pour *moi*, et les *pertes* pour les *autres*, même pour ceux qui se seraient attelés à mon *char;* et ainsi, de *succès* en *succès*, *j'arriverais* à un tel état de *gonflement d'amour-propre* et de *satiété pécuniaire*, que l'apologue du *Bonhomme* pourrait m'être applicable, si mon *excellent sens, droit et sain*, ne me faisait me retirer *à propos*, sans compromettre ma gloire et surtout ma *caisse*.

Mais ce qui était *profitable* aux traitans ne pouvait qu'être désavantageux pour les contribuables.

En effet, par cela même que les chances en *hausse* des quatre pour cent, donnés au pair de 100 fr., étaient beaucoup plus restreintes et moins probables que les chances en hausse des 3 pour cent donnés à 75 fr., une émission en quatre pour cent aurait été moins *désavantageuse*, moins *ruineuse*, pour les contribuables, qu'une *émission* en trois pour cent.

Ainsi, pour *satisfaire* l'*insatiabilité* d'une vingtaine d'individus, on aurait sacrifié *trente millions d'individus*, qui, bien certainement, *méritent*, au moins, autant d'*égards* que les *vampires* de toute nature !

Dans ces deux cas, les rentiers auraient toujours été *sacrifiés*.

D'abord en leur qualité de *rentiers*, puis aussi, *plus* ou *moins*, en leur qualité de *contribuables*.

Et c'est à de si *minces considérations* que tiennent de si *grands résultats !*

Quelques *cents millions* de *bénéfices* pour les

traitans coûteront aux contribuables plusieurs milliards !

J'avais donc raison en disant :

« Les rapports avec ce qu'on pourrait appeler les « *indispensables* sont *généralement* peu *désira-* « *bles*, et *fréquemment ruineux*. »

J'ai insisté fortement, et sans craindre de me répéter, sur ces points, malgré mon désir d'être concis, parce que c'est là le principal *pivot* de la balance définitive de la réduction.

Si les trois pour cent baissent au-dessous de 75 fr., malgré la perspective contraire, *appât* nécessaire pour déterminer l'option, on aura réellement, fût-ce même se fondant sur un droit, lésé les rentiers, et, puisque déjà on laisse entrevoir la *possibilité d'un besoin de nouveaux emprunts*, on ne les aura pas *enhardis* à y concourir, on les en aura peut-être même fortement dégoûtés.

En définitive, si les trois pour cent doivent s'élever au-dessus de 75 fr.,

Il n'y aura pas réparation de dommage pour l'amortissement.

Il y aura au contraire accroissement de dommage pour lui.

Les *contribuables* auront à ajouter à leurs sacrifices, déjà *immenses*, de nouveaux sacrifices, encore plus *considérables*.

Nous aurons commis, envers les rentiers, une injustice dont ils auront long-temps souvenance.

Enfin, dans son ensemble, la position dans laquelle nous nous trouvons avant réduction, loin d'être améliorée, sera, pécuniairement et moralement, détériorée.

Il resterait dès lors évident que, sous aucun rapport, *le plan ne jouirait de la supériorité que M. le Ministre des finances a bien voulu lui attribuer.*

Nous allons en présenter de nouvelles preuves.

Élémens des calculs relatifs à la réduction.

Je déduirai mes résultats *d'erremens* et *d'élémens* de *productions* semblables, afin d'arriver à des *résultats* aussi *évidens* qu'*incontestables.*

Je ne négligerai rien de ce qui peut étendre l'importance des soulagemens que la réduction est censée devoir procurer aux contribuables.

En conséquence, je supposerai que l'avantage annuel, résultant de la réduction, serait placé, par les contribuables, pour une opération semblable à celle de l'amortissement, qui serait dotée, annuellement, d'une somme égale à la réduction; que, comme dans l'amortissement, ces fonds seraient employés en acquisitions, qui rapporteraient des intérêts égaux à ceux des rachats, incessamment capitalisés, et productifs des mêmes intérêts.

A chaque taux de rachat, pris comme point de départ, il y aura, nécessairement, changement dans le taux d'intérêt, et dans la durée de l'amortissement; mais il n'en existera pas dans la somme annuelle de dotation; celle-ci sera invariable.

Si l'intérêt du taux de rachat, pris comme point de départ, est *moins* élevé, il y aura, nécessairement, *plus* de durée d'amortissement, et, par suite, *moins* d'avantage pour les contribuables.

Si l'intérêt du taux du rachat est plus *élevé*, il y aura, nécessairement, *moins* de durée d'amortissement, et, par suite, *plus* d'avantage pour les contribuables.

Mais, même en supposant rachat au taux de l'intérêt de la réduction, la durée de l'amortisement se trouvera augmentée.

On conçoit en effet facilement que, l'amortissement tirant l'augmentation *magique* de sa puissance de l'intérêt *incessamment capitalisé* de ses fonds, cette puissance doit décroître, et moins fructifier proportionnellement à la réduction du taux de l'intérêt; qu'ainsi les rentes étant réduites à quatre pour cent, les arrérages de ses rachats ne lui rapporteront que quatre pour cent, tandis qu'ils lui auraient été payés à raison de cinq pour cent *sans la réduction*.

Supposons, par exemple, que pour *racheter* la *totalité* des rentes *rachetables*, la caisse d'amortissement ait à *effectuer* un *débours* de deux milliards, ce *débours* sera le même en *rachetant* les cinq pour cent à 100 fr. qu'en rachetant, après leur réduction à quatre pour cent, des trois pour cent au cours de 75 fr.

Sous cet aspect, on pourrait penser que la *situation* de la *caisse* ne serait *nulllement changée.*

On se *tromperait.*

En effet, la caisse, ne recevant que quatre pour cent d'*intérêt,* au lieu de cinq pour cent qu'elle aurait reçus avant *réduction,* aurait chaque année une dotation moins *importante,* puisque, pour chaque 100 fr. d'intérêt qu'elle aurait eu à recevoir, elle *n'encaisserait* réellement que 80 fr.

Par cela même elle ne pourrait rassembler les deux milliards qui lui seraient nécessaires qu'en plus de *temps,*

Par cela même la *durée* de l'amortissement se trouverait *augmentée,*

Les *sacrifices,* résultans pour les contribuables de la *différence* du taux de *l'intérêt* de leur *émission,* comparativement au taux *légal*, se *prolongeraient* par cela même,

Et la cessation de leurs débours, relatifs à la dotation et au paiement des arrérages des rentes, serait *retardée.*

Ces propositions me semblent tellement propres à faire *apprécier* aux personnes peu *habituées* à ce genre d'*application* les *motifs* de *lésion pécuniaire* que causerait, dans notre position, la *réduction projetée*, que je me détermine à entrer encore ici dans quelques détails sur ce sujet.

Supposons qu'on négocie trente millions de rente au *pair*, c'est-à-dire à 100 fr. pour 5 fr.

On encaissera une somme de

600,000,000 fr.

Supposons qu'on amortisse ces trente millions au pair, c'est-à-dire à 5 fr. pour 100 fr., avec une dotation annuelle de 10 millions.

Les débours de l'amortissement seraient également de

600,000,000 fr.

Et la durée de l'amortissement serait de

27 années 8 mois 1 jour.

Supposons que l'on réduise ces 30 millions de rentes d'un *cinquième*.

La quotité de rentes ne serait plus que de 24 millions :

Au denier vingt-cinq, elle représenterait également un capital de

600,000,000 fr.

Supposons que la dotation de la caisse reste la même.

La durée de l'amortissement, c'est-à-dire du remboursement, serait de

31 années 2 mois 16 jours.

Supposons une nouvelle *réduction*, qui alors serait du *quart*.

Il n'existerait plus que 18 millions de rentes, qui, au denier 33 un tiers, représenteraient de même un capital de

600,000,000 fr.

La durée de l'amortissement de ces 18 millions, ou, ce qui revient au même, du remboursement des 600 millions, serait de

34 années 10 mois 2 jours.

Supposons une nouvelle réduction, qui, alors, serait d'un *tiers*.

Il n'existerait plus que 12 millions de rentes, qui représenteraient de même un capital de

600,000,000 fr.

La durée de l'amortissement serait de

39 années 9 mois 25 jours.

Supposons enfin une nouvelle *réduction*, qui serait alors de 50 pour cent.

Il ne resterait plus que 6 millions de rentes,

Qui représenteraient de même un capital de

600,000,000 fr.

La durée de l'amortissement de ces 6 millions, ou, ce qui revient au même, du remboursement des 600 millions, serait de

46 années 2 mois 1 jours.

Les durées de l'amortissement seraient donc ainsi qu'il suit :

	années.	mois.	jours.
Sans réduction.	27	8	1
1re réduction.	31	2	16
2e réduction	34	10	2
3e réduction.	39	9	25
4e réduction.	46	2	1

Les augmentations de durée de l'amortissement, par la *réduction*, comparativement à la première durée sans réduction, seraient ainsi qu'il suit :

	années.	mois.	jours.
1re réduction.	3	6	15
2e réduction.	7	2	1
3e réduction.	12	1	24
4e réduction.	18	6	2

Il est facile de concevoir, par ces comparaisons

de *durée*, que non seulement la dotation de la caisse, s'élevant à 10 millions, mais même les 30 millions de rentes, qui, l'un et l'autre, auraient, à l'achèvement de l'amortissement sans réduction, soulagé les contribuables, continueront à les *grever*, pendant tout l'excédant de la durée de l'amortissement.

A la vérité, par *contre*, les contribuables auront eu un soulagement annuel, équivalent à chacune des réductions.

Ce soulagement doit entrer dans la balance du *compte général*, avec *intérêts composés*.

Dès lors s'établit une première *compensation*, dont se déduit une balance *active*, ou une balance *passive*.

Mais, si au lieu d'avoir *négocié* les rentes à l'intérêt de 5 pour cent, on les eût négociées à l'intérêt de 6 pour cent,

On aurait d'abord éprouvé une perte sur le capital encaissé comparativement au capital à rembourser.

Sur cette première source de perte, la prolongation de la durée de l'amortissement n'aurait pas eu d'influence.

Le capital encaissé n'aurait été que de.	500,000,000 fr.
Au denier vingt, le capital du remboursement aurait été de. .	600,000,000 fr.
Il y aurait donc eu, sous ce premier aspect, une *perte* de. .	100,000,000 fr.

Au denier vingt, l'émission de rentes n'aurait dû être, pour un encaissement de 500,000,000 fr., que de. . . . 25,000,000 fr.

Elle aurait été de. . . . . . . 30,000,000.

Le supplément des débours annuels, pour les contribuables, aurait donc été de. . . . . . 5,000,000 fr.

Cet *excédant* de *débours* ne peut cesser qu'à l'achèvement de l'amortissement.

Il en est de même du paiement des arrérages et des débours relatifs à la dotation qui se prolongent jusqu'à l'achèvement de l'amortissement.

Ainsi, plus la durée de l'amortissement sera *prolongée*, et plus la somme résultante des débours annuels de tous genres sera considérable.

Telles sont les nouvelles sources de perte, résultantes de la *prolongation* de la durée de l'amortissement.

Il faut y joindre les frais de perception.

On conçoit donc pourquoi, lorsqu'on a émis des rentes au-dessous du *pair*, c'est-à-dire au-dessous de leur valeur nominale, toute *réduction* est, sauf compensation jusqu'à due concurrence de l'actif de la réduction, une source de *préjudice* pour les contribuables.

C'est parce que, *forcément*, toute *réduction*, en supposant *fixité* dans la *dotation*, *prolonge* la *durée* de l'amortissement.

C'est parce que cette *prolongation* de *durée produit*, pour les contribuables,

Une *continuation* de *débours*, et une *suspension* des *allégemens* que devait leur procurer l'achèvement de l'amortissement.

En général, les combinaisons relatives aux négociations de rentes et à leurs rachats, sujets à l'éventualité des cours, ont, dans leurs élémens, tant de complication, qu'on éprouve une grande *difficulté* à présenter *clairement* leur *ensemble*.

Mais aussi, par cela même, il est très-facile d'*embrouiller* tellement cet *ensemble*, qu'on éprouve encore plus de difficulté à *débrouiller* qu'à *exposer*.

Telle est la position où l'auteur d'un article inséré dernièrement dans le *Moniteur* a placé ses lecteurs.

L'a-t-il fait dans de *bonnes* ou dans de *mauvaises intentions?*

Qu'importerait, si la *religion* des *chambres* et du *public* s'en trouvait égarée.

On veut *tromper*, ou on *trompe* sans le *vouloir*.

Dans de telles controverses,

La *puissance* des *chiffres* est une *arme* à *deux tranchans*.

Posez des *bases vraies*, les chiffres démontreront l'*évidence* de la *vérité*.

Posez des *bases fausses*, les chiffres démontreront l'*erreur* comme une *évidence* de *vérité*.

Dans les deux cas, les résultats sont exactement calculés et déduits de leurs bases.

Il ne s'agirait que de *s'entendre*.

Si vous présentez, comme proposition, que la base *fausse* est une base *vraie*, le résultat démontrera que la base *vraie* est *fausse*.

C'est ainsi que procède l'auteur de l'article du *Moniteur*.

Ses bases ne sont que des *hypothèses* qui, dans l'espèce, sont d'une existence impossible, et qui, dans leur généralité, sont contraires à tous les ordres de probabilités.

Par suite de l'exécution du projet, les cinq pour cent seront ou *remboursés* ou *échangés;* il n'en existera donc plus sur la place; il n'existera en circulation que des trois pour cent.

Malgré cette position, l'auteur de l'article suppose d'abord que les trois pour cent qui sont délivrés au taux vénal de 75 fr., et qui conséquemment procurent un intérêt de 4 pour 100, éprouveront une amélioration qui les portera au taux vénal de 85 fr. 71 c., taux qui procurera un intérêt de 3 1/2 pour cent.

On peut, sans peine, lui accorder cette fixation, surtout dans les premières époques de l'opération.

Mais l'auteur de l'article suppose en outre des cinq pour cent élevés au taux vénal de 142 fr. 82 c., et procurant dès lors un intérêt de 3 1/2 pour 100.

Ici, l'auteur ne donne aucune explication sur cette seconde hypothèse.

Entend-il parler des cinq pour cent anéantis et remplacés ?

Alors on lui objecterait, avec raison, que le taux vénal des cinq pour cent ne s'est jamais élevé, à beaucoup près, avant leur réduction, à ce taux vénal de 142 fr. 82 c.; qu'en conséquence, cette base comparative est complétement *imaginaire.*

Voudrait-il supposer une existence simultanée, sur la place, des *cinq* et des *trois* pour cent?

On lui objecterait

1° Que, dans l'espèce, cette existence *simultanée* n'a et ne peut avoir lieu;

2° Que, lors même qu'elle aurait lieu, le taux d'intérêt de ces deux genres de valeurs ne pourrait s'équilibrer :

D'abord, parce que les 5 pour cent, ayant dépassé leur valeur nominale, tendraient plutôt à décliner qu'à s'élever;

En second lieu, parce que les 5 pour cent seraient remboursables, tandis que les 3 pour cent ne le seraient pas, ou du moins ne le seraient qu'à un taux nominal comparativement bien supérieur à celui des 5 pour cent.

En troisième lieu, parce que, le gouvernement, usant du droit de remboursement qu'il dit avoir, dès que les 5 pour cent atteignent leur valeur nominale, en userait, *a fortiori*, bien avant que les 5 pour cent aient pu atteindre le taux vénal de 142 fr. 82 c.

Ainsi, la supposition de l'auteur de l'article

n'existe pas, n'a *jamais existé*, et ne peut *jamais exister*.

Elle doit donc être rangée dans la classe des *imaginaires*.

Les conséquences qu'on en pourrait déduire seraient donc inapplicables à l'espèce, et ne pourraient être considérées que comme des *solutions* sans *utilité*.

Et c'est sur des *élémens* si *disparates*, dont la *concordance* n'a pas d'*existence*, qu'on entendrait déduire de leurs résultats, supposés même *vrais* en eux-mêmes, mais bien réellement *faux* dans leurs applications, des appuis solides au projet !

Que seraient donc devenues la *lucidité d'esprit*, la *sagacité*, et la *perspicacité* de la nation française, si l'on pouvait redouter l'influence de telles assertions ?

Tout Français ne devrait-il pas être convaincu que, quand cette admirable nation le veut, elle n'est ni trop crédule ni trop aveugle.

Oui, elle le voudra ; oui, ses mandataires le déclareront à la face de l'univers, et, sur le bord du précipice, la France sera, pour la seconde fois, *sauvée*.

Il semblerait, en ne suspectant pas la bonne foi du rédacteur de l'article, qu'il aurait dû s'apercevoir que dans les deux dernières colonnes de son tableau il entassait inutilement des chiffres, pour prouver une chose qui, en soi, est aussi *évidente* que deux et deux font quatre, mais qui, dans son application, est aussi *évidemment fausse* que deux et deux font cinq.

Voici nettement la pose de la question:

Pour encaisser un capital de 4,000,000,000 fr. avec une dotation de 80 millions, et à l'intérêt de 3 et demi pour cent, faudra-t-il plus ou moins de temps que pour encaisser un capital de 3,200,000,000 fr., avec une dotation de 80 millions, et à l'intérêt de 3 et demi pour cent?

Tout esprit juste, même le moins exercé aux calculs, dirait, à la simple lecture de cette proposition : Il est de toute évidence qu'il faudra plus de temps pour atteindre le premier but que pour atteindre le second : il n'est besoin d'aucun chiffre pour prouver une telle *évidence*.

Telle est cependant la proposition, à la vérité non *expliquée*, j'aime même à croire, par *charité chrétienne*, non *conçue* par l'auteur de l'article, dont l'aspect qu'il présente est la *conséquence*.

D'un côté, l'auteur de l'article suppose 140 millions de rentes en 5 pour cent valeur nominale de 100 fr. pour 5 fr., au cours de 142 fr. 86 c. pour 5 fr.

D'un autre côté, comme objet de comparaison, il suppose 112 millions de rentes en 3 pour cent valeur nominale de 100 fr. pour 3 fr., au cours de 85 fr. 71 c. pour 3 fr.

Or, 140 millions à 3 et demi pour cent représentent un capital de

4,000,000,000 fr.

Et 112 millions à 3 et demi pour cent représentent un capital de

3,200,000,000 fr.

Et l'auteur de l'article voudrait qu'avec les mêmes puissances, savoir avec dotation de 80 millions et à l'intérêt de 3 et demi pour cent, on obtînt une somme de 4,000,000,000 fr. dans un temps qui ne dépassât pas celui nécessaire pour obtenir seulement une somme de 3,200,000,000 fr.

Qu'on est à plaindre d'être forcé de perdre son temps à démontrer qu'il est de toute fausseté qu'il fait *nuit* en *plein jour!*

Mais qu'il est bien plus malheureux pour l'État, pour nos *vénérables* Chambres, d'avoir de tels conseillers!

Généralement,

Qui veut trop prouver ne prouve rien.

Traiter des Français comme des *niais!*

Cela est par trop *intolérable.*

Ces explications, qui, je crois, étaient *indispensables*, doivent *convaincre* les personnes même les plus étrangères aux finances, que la *réduction* ne peut manquer d'être rejetée par des chambres *éclairées*, *bien intentionnées*, et *dévouées* au roi et à la patrie.

Mon *unité* de *comparaison* sera la durée de l'amortissement de nos rentes, à partir de 1824, au taux du pair de 100 fr. pour 5 fr.

La balance active, pour les contribuables, résultera

De la moindre somme qu'ils auront, annuellement, à payer, par le fait de la réduction; jouissance qu'ils n'auraient pas eue, pendant toute la durée prise comme unité.

La balance passive, pour les contribuables, résultera :

1° De ce qu'ils devront continuer de payer malgré la réduction, pendant tout l'excédant de la durée de l'amortissement; paiement *continué* dont ils auraient dû être soulagés à l'achèvement de la durée prise comme unité;

2° De la différence entre le capital de la valeur nominale des rentes, et le capital à débourser pour leur extinction;

3° Des frais de perception, nécessaires à l'encaissement de tous les paiemens nets, calculés d'après le taux moyen des frais de perception de 1823.

Je prendrai pour bases de mes calculs :

1° Le cours moyen entre *l'émission* des 3 pour cent à 75 fr., et leur pair à 100 fr., c'est-à-dire 87 fr. 50 c. par chaque 3 fr. ;

2° Les trois pour cent au pair de 100 francs, cours qu'on présente aux rentiers, peut-être avec raison, comme perspective d'*appât* ;

Me réservant de publier, par suite, si, par la sanction du projet, cela devenait nécessaire, les résultats déduits des 3 pour cent, à tous les autres taux de 1 en 1 franc ; et me bornant pour l'instant à observer que la perte résultante du projet, compensation faite avec le bénéfice de la réduction, commencerait au-dessous du cours des négociations actuelles des émissions présumées des 3 pour 100.

Dans chacune de ces présentations, le taux d'intérêt sera uniforme, et les bases communes seront invariables.

Les bases *invariables* seront :

La quotité de rentes rachetables ;

Le soulagement annuel, pour les contribuables, résultant de la réduction ;

La dotation annuelle ;

Le taux des frais de perception ;

Les bases *variables*, dépendantes du taux du rachat, pris comme point de départ, seront :

1° L'excédant de durée de l'amortissement, comparativement à la durée prise comme unité ;

2° Le taux de l'intérêt, déduit du prix du rachat.

Les bases que je viens d'indiquer, comme devant être mes points de départ, sont déduites des propositions de M. le Ministre des finances.

« Vous savez comme nous » (a-t-il dit), « que si » vos 5 pour cent étaient dégagés de la crainte » du remboursement, ils monteraient à 100 à » 115 fr. »

115 fr. pour des 5 pour 100, *non réduits*, correspondent au prix de 86 fr. 25 c. pour des 3 pour cent substitués aux 5 pour cent *réduits* d'un cinquième.

Le cours de 86 fr. 25 c. pour les trois pour cent ne peut donc être *problématique*.

M. le Ministre l'*assure*; donc c'est *vrai*; donc il ne peut *récuser* ce point de départ.

Le cours moyen, qui va faire l'un de mes points de départ, est donc à très-peu près le même que le taux déduit des propositions de M. le ministre des finances. Ce dernier est de 86 fr. 25 c. Le terme moyen est de 87 fr. 50 c.

« Elles s'élèveront, « (a dit encore M. le ministre des finances, en parlant des nouvelles rentes, 3 pour cent,) » de toute la différence qui « existe entre le taux actuel de 5 pour cent et le « taux auquel ils seraient montés sans cette cir« constance. »

« Nous pouvons vous l'assurer; elles s'élèveront

« bientôt beaucoup au-dessus du prix auquel elles « auront été livrées. »

« Si nous substituons à nos 5 des 3 pour 100 » (a ajouté M. le Ministre des finances), « les « capitaux étrangers ne seront pas retirés de nos « fonds publics : ils y afflueront, au contraire » (nouvelle *probabilité*, si ce résultat doit avoir lieu, d'une forte élévation dans les cours des 3 pour 100) « et nos propres capitaux seront conservés aux be- « soins de notre prospérité intérieure. »

Existerait-il donc une différence entre la ten dance des fonds anglais et des fonds français?

Les uns et les autres n'ont-ils pas pour mobile le plus grand *lucre*, et la convenance?

Si donc les fonds français doivent se retirer des rentes pour se porter vers le commerce et l'industrie, les fonds anglais suivront la même direction.

Dans le cas contraire, les fonds français et les fonds anglais se consacreront aux rentes, et en élèveront le cours avec d'autant plus d'intensité, qu'ils seront plus abondans, et qu'ils ne trouveront pas de placemens plus avantageux.

Ce résultat semble d'autant plus vraisemblable, que M. le Ministre des finances a dit, en parlant des rentiers actuels :

« Bien peu voudront se jeter dans les embarras « et les dangers d'un nouveau placement, surtout « s'ils réfléchissent que lorsque les capitaux ont

« obtenu partout un si grand accroissement, » (partout! nous avons démontré l'improbabilité de cette assertion) « ce serait immoler, à des espérances « presque chimériques, le bénéfice certain que « leur présentent les 3 pour 100 qui leur sont « offerts. »

Quel besoin y avait-il dès lors d'acheter au prix de 42 millions, et avec sacrifices de près de quatre milliards, nos *bienveillans* traitans?

« On a affecté » (a dit encore M. le ministre des finances) « de concevoir des craintes sur le « passage d'une partie de nos rentes dans les mains « des étrangers.

« On estime en ce moment à 25 millions » (formant un capital de 500 millions; capital qui remplace à peu près le vide provenant des subsides) « les rentes qu'ils possèdent.

« Si vous conserviez des 5 pour 100 au pair, ce « genre de placement ne leur convenant pas, ils « réaliseraient au plus haut prix les bénéfices qu'ils « ont faits depuis qu'ils nous ont fourni leurs ca- « pitaux. »

Pour tout dire, il aurait fallu ajouter:

Offrons leur de plus grands bénéfices à faire, dans une progression géometrique, sur nos 3 pour 100, livrés à 75 fr.

Voilà donc enfin le véritable mot de *l'énigme!*

Voilà le véritable *nœud gordien.*

Nous *achetons*, en la supposant *compromise*, ce que je suis loin de penser, la *conservation momentanée* des fonds étrangers.

Et à quel prix l'achetons-nous ?

Avec une remise de 33 pour 100.

Quel *exemple !*

Quelle *leçon !*

Quelle *tache* pour notre *époque !*

« Pourrait-on » (ajoute M. le ministre des finances) « reproduire sérieusement la crainte de voir « les étrangers se rendre maîtres du cours de nos « rentes ?

« Craindriez-vous de les voir fortifier notre cré-« dit, multiplier nos capitaux, et nous mettre à « même de *vouloir* et de pouvoir racheter un « jour à 100 fr. ce que nous ne *voudrions* ou ne « pourrions conserver aujourd'hui à 75 fr.

« De pareilles craintes ne sauraient nous arrêter, « messieurs : la richesse publique ne *s'affecte* pas, « elle *s'augmente* par de semblables résultats ; et « ce qui s'est passé sous nos yeux, depuis que nous « sommes entrés dans la voie du credit, a suffi-« samment prémuni contre ces préventions sur-« années. »

Ici nous devons rappeler que le dommage signalé par M. le ministre des finances, et qu'il veut réparer, ne peut l'être si les 3 pour 100 s'élèvent au-dessus du taux de 75 fr.

D'après toutes ces propositions le cours du rachat au taux moyen de 87 fr. 50 c. est inférieur à celui qu'indique la réunion des ordres de probabilités.

Le cours du rachat au pair se rapproche beaucoup plus de celui qu'indique cette réunion de tous les ordres de probabilités.

Perte résultante, pour les contribuables, du projet de réduction, en supposant le rachat fait au taux moyen entre celui de l'émission et celui de la valeur nominale des 3 pour cent, c'est-à-dire au prix de 87 fr. 50 c. pour chaque 3 fr.

Sans réduction.

Les rentes inscrites s'élèvent à	197,480,266 fr.
Les rentes rachetées s'élèvent à	31,912,021.
Reste en rentes rachetables	165,568.245 fr.

A partir du 1er janvier 1824, la dotation annuelle de la caisse se compose ainsi qu'il suit : (1)

Rentes déjà rachetées	31,912,021 fr.
Dotation annuelle	40,000,000.
Ensemble	71,912,021 fr.

(1) Ici je néglige le dernier huitième de la vente des bois que la caisse doit encaisser en 1824, parce que cet emploi

Pour racheter avec cette dotation, au taux de 100 fr. pour 5 fr., les 165,548,245 fr. de rentes rachetables, il faudrait un laps de temps de

23 années 9 mois 15 jours.

Avec réduction.

Nos rentes inscrites s'élèvent à	197,480,266 fr.
Déduisant les rentes de l'Etat, que le projet évalue à.	57,000,000.
Reste en rentes passibles de réduction	140,480,266 fr.
Dont le cinquième, montant de la réduction, est de	28,096,053 fr.
Les rentes déjà rachetées par la caisse d'amortissement s'élèvent à	31,912,021 fr.
En les déduisant des rentes inscrites	197,480,266.
Reste en rentes passibles de réduction	165,568,245 fr.
En déduisant le montant de la réduction	28,096,053.
Reste en rentes passibles d'amortissement	137,472,192 fr.

aurait beaucoup compliqué l'intelligence de ma marche, parce qu'il n'aurait d'ailleurs rien changé aux comparaisons, et parce qu'il n'aurait influencé que dans une proportion comparablement très-faible les résultats absolus.

La puissance amortissante sera, dans le cas de réduction, comme dans celui de non-réduction, de.......... 71,912,021 fr.

Dans le cas de la réduction, la durée de l'amortissement serait de.......... 31 ans 0 mois 8 jours.

Dans le cas de la non-réduction elle ne serait que de.......... 23 9 15

La prolongation de durée de l'amortissement serait donc de ... 7 ans 3 mois 2 jours.

Le bénéfice de la réduction se composerait, par année, ainsi qu'il suit :

Diminution sur les arrérages des rentes.......................... 28,096,053 fr.

Frais de perception.......... 5,296,000.

Ensemble de la bonification sur les débours bruts............... 33,392,053 fr.

Ce bénéfice, calculé pendant les 21 années, 9 mois, 15 jours, de la jouissance qui n'aurait pas eu lieu sans la réduction, produit une somme dont l'importance en capital et en intérêts calculés sur le pied de 3 fr. pour 87 fr. 50 c. est de (1)........... 1,092,900,000 fr.

(1) Si les traitans avaient été écartés, cette bonification s'élèverait à 1,239,200,000 fr., ce qui porte à 146,300,000 fr. la commission des traitans, valeur à l'époque de l'achèvement de l'amortissement.

La perte pour les contribuables, résultante de la différence entre les débours nets pour effectuer le rachat des 137,472,192 fr. de rentes au taux de 87 fr. 50 c. pour 3 fr., et les débours nets pour effectuer le rachat des 165,568,245 fr. de rentes, au taux de 100 fr. pour 5 fr., s'élève, en débours nets, à .... 698,635,100 fr.

Frais de perception	131,690,000.
Perte en débours bruts......	830,325,100 fr.

La perte pour les contribuables, résultante de la continuation de leurs débours annuels, occasionnée par la prolongation de la durée de l'amortissement, se composent ainsi qu'il suit :

Arrérages...............	197,480,266 fr.
Dotation..............	40,000,000.
Ensemble...............	237,480,266 fr.
A déduire pour réduction....	28,096,053.
Reste....................	209,384,213 fr.
Frais de perception.........	39,470,000.
Perte en débours bruts.......	248,854,213 fr.

Cette perte, calculée pendant 7 années, 3 mois, 2 jours, prolongation de la durée de l'amortissement, produit une somme, dont l'importance, en capital et en intérêts, calculés sur le pied de 3 fr. pour 87 fr. 50 c., est de.... 12,081,000,000 fr.

Voici l'ensemble de ces pertes.

Différence entre les débours pour le rachat au pair des 165,568,245 fr. de rentes non réduites, et le rachat à 87 fr. 50 c. pour 3 fr, des 137,472,192 fr. de rentes, provenantes de réduction . 830,325,100 fr.

Continuation des débours des contribuables, pendant les 7 années 10 mois 27 jours, excédant de la durée de l'amortissement, pour le paiement de la dotation de la caisse, et des arrérages de rentes, en capital et en intérêts. 2,081,000,000.

Ensemble.	2,911,325,100 fr.
Le bénéfice serait de.	1,092,900,000
La perte serait donc réduite à	1,818,425,100 fr.

Perte résultante, pour les contribuables, du projet de réduction, en supposant le rachat fait au taux de la valeur nominale de l'émission des 3 pour 100, c'est-à-dire 100 fr. pour 3 fr.

	ans	mois	jours
La durée de l'amortissement serait dans ce cas de	35	6	»
Dans le cas de non réduction elle ne serait que de	23	9	15
La prolongation de durée de l'amortissement serait donc de.	11	8	15

Le bénéfice de la réduction, s'élevant par année à 33,392,053 fr., calculé pendant les 21 années 9 mois 15 jours de la jouissance qui n'aurait pas eu lieu sans la réduction, produit une somme, dont l'importance, en capital et en intérêts, calculés sur le pied de 3 fr. pour 100 fr.,
est de.................... 1,036,851,500 fr.

La perte pour les contribuables, résultante de la différence entre les débours nets pour effectuer le rachat des 137,472,192 fr. de rentes, au taux de 100 fr. pour 3 f., et les débours nets pour effectuer le rachat des 165,568,245 fr. de rentes au taux de 100 fr. pour 5 fr., s'élève en débours nets à .... 1,271,135,100 fr.

Frais de perception. ..... 239,600,000.

Perte en débours bruts .... 1,510,735,100 fr.

La perte annuelle des 248,854,213 fr., résultante pour les contribuables de la continuation de leurs débours annuels, occasionée par la prolongation de la durée de l'amortissement, calculée pendant les 11 années 8 mois 15 jours, excédante de durée, produit, une somme dont l'importance, en capital et en intérêts, calculés sur le pied de 5 fr. pour 100 fr., est de. .... 5,533,000,000 fr.

Voici l'ensemble de ces pertes :

Différence entre les débours pour le rachat au pair des 165,568,245 fr. de rentes non réduites, et le rachat, à 3 pour 100, des 137,472,192 fr. de

rentes provenant de réduction.	1,510,735,100 fr.
Continuation des débours des contribuables, pendant les 11 années 8 mois 15 jours, excédant de durée de l'amortissement, ponr le paiement de la dotation de la caisse, et des arrérages de rentes, en capital et en intérêts.	3,533,000,000 fr.
Ensemble	5,043,735,100 fr.
Le bénéfice serait de.	1,036,851,500.
La perte serait donc de. . . .	4,006,883,600 fr.

La *précieuse* faveur qui aurait été accordée aux contribuables leur coûterait donc près de 400 pour cent.

La réduction aurait exposé le crédit à toutes les chances des éventualités.

Elle augmenterait la masse des mécontens :

Ceux-ci, bien certainement, ne le seraient pas sans motifs;

Leur ensemble formerait la presque-totalité de la nation.

Et l'on voudrait qu'avec de tels résultats *sinistres*, on *fermât les yeux*, en *adoptant de confiance*.

Non, jamais nos représentans n'auront cette *condescendance ;*

Leurs *lumières*, leur *conscience* et leur devoir s'y opposeront.

Ils ne se prêteront pas, par quelque motif que ce puisse être, a être la cause de la ruine de leurs commettans, et à avoir plus fait contre leurs intérêts que n'avaient fait les *malheurs qui ont pesé sur leur tête depuis trente ans.*

Moyen de dissiper les craintes *des rentiers, de ne pas leur enlever le cinquième de leur revenu, et de satisfaire* l'espoir *des contribuables.*

Dès le moment qu'il a été question de réduction, la France s'est divisée en trois catégories *d'intérêts* distinctes :

Les *rentiers*,

Les *contribuables*,

Les *émigrés.*

On a donné de *vives craintes* aux rentiers ;

On a fait *naître l'espoir de soulagement* dans l'âme des contribuables ;

On a placé les *émigrés* dans une position *mixte d'espoir* et *d'incertitude.*

En formant des *vœux* pour que le plan de réduction n'obtienne pas la *sanction* de la loi, je sens que, dans la position où l'on nous a placés, il faut, *quoi qu'il arrive*, qu'il existe des *mécontens.*

Si la réduction est adoptée, ce sera le rentier qui sera *mécontent.*

Si la réduction n'est pas sanctionnée, les contribuables regrettront un soulagement momentané, que cependant ils auraient payé bien chèrement par la suite.

Cette alternative m'a fait rechercher s'il n'y aurait pas moyen de contenter tout le monde.

J'y ai *réfléchi*, et je crois en avoir trouvé les moyens.

Ce moyen est *indépendant* de tous ceux qui *constituent* mon *plan*; il ne concerne que les *rentiers* et les *contribuables;* un peu *plus tard*, les *émigrés* trouveront aussi la *source* de l'*accomplissement* de leur *vœu*.

Ce moyen est *simple*, et ne peut être *réfuté*, parce qu'il *repose* sur des *antécédens authentiques*.

Il n'existe de *frais* de *perception* que parce qu'il est impossible aux contribuables de verser directement au trésor royal le montant de leur *quote part proportionnelle* pour subvenir aux *besoins* de l'État.

Ces deux *débours* sont donc *distincts*.

Dès lors, on peut établir les rapports qui existent entre eux.

Pour établir ces rapports, on peut prendre comme *unité* la *recette brute*, c'est-à-dire l'ensemble des deux débours des contribuables, ou bien la *recette nette*, c'est-à-dire la somme disponible pour le trésor royal, après l'acquittement des *frais* de *perception*.

On conçoit que dans le *premier* cas le *nombre*

de *rapport*, exprimant les *frais de perception*, doit être *moindre* qu'il ne le serait dans le *second*.

Je me servirai ici du rapport entre les recettes *nettes* et les *frais de perception*; et je prendrai pour *unité de comparaison* le nombre 100.

Ainsi, si une *recette brute* de 110 fr. a procuré au trésor une *disposition nette* de 100 fr., je dirai que les *frais* de *perception* ont été de 10 pour cent; ou, ce qui revient au même, pour connaître le débours total des contribuables, il faut ajouter 10 fr. à chaque cent fr. de *recette nette*, *disponible* par le trésor royal.

En suivant cette marche, on trouve qu'en 1780 les *recettes nettes* se sont élevées à 527,000,000 fr.

Et que les *frais de perception* se sont élevés à . . . . 58,000,000 fr.

Ce qui établit la moyenne des taux de *frais de perception* à.. . . . . 11 pour cent.

En 1823, la moyenne des taux de frais de perception s'est élevée à. . . . . . 18,85 pour cent.

Et d'abord je me demande :

Pourquoi les *frais de perception* seraient-ils, en 1823, plus *élevés* qu'ils ne l'étaient en 1780?

Je n'apercevrais, ni dans le prix du *marc d'argent*, ni dans celui des *immeubles*, ni dans celui de *l'intérêt légal*, ni même dans *le prix compa-*

ratif des denrées, aucun motif de *détérioration* à cet égard.

Je n'hésite donc pas à dire que, si l'on en avait *la volonté ferme* et *tenace*, on pourrait *ramener* le taux des *frais de perception* au taux des *frais de perception* en 1780.

Mais, pour donner plus de *facilité*, je ne partirai que de la moyenne de ces deux *extrêmes*.

En 1780.	11	pour cent.
En 1823.	18,85	pour cent.
Ensemble	29,85	pour cent.
Moyenne	14,925	pour cent.
Environ	15	pour cent.

Que si l'on me disait que de telles *fixations* sont bonnes sur le papier, mais ne peuvent que difficilement se *réaliser*,

Je m'appuierais, pour renverser cette objection, sur un *fait* qu'on ne pourrait pas me *contester*, et qui prouve que ma *fixation* est d'autant plus *admissible* qu'elle a, à très-peu près, eu lieu il y a peu d'années.

En effet, en 1818, les frais de perception ne se sont *élevés* qu'à . . . . 16,73 pour cent.

Je concevrais donc qu'en principe général, il serait *ordonné*, par une *loi*, que, dorénavant, la *moyenne* des *frais* de *perception* de toute nature ne pourrait *dépasser* . . . . 15 pour cent.

sauf aux ministres à *répartir* ce taux sur chacune des rétributions, en *quotes parts inégales*, suivant les *convenances*.

En partant de cette *base*, voyons quelle serait l'importance de cette fixation.

En 1823, les recettes nettes s'élèvent à . . . . 725,951,895 fr.

En calculant les frais de perception à 15 pour cent, ils s'élèveraient à. . . . . . . 108,892,784 fr.

Ces frais, en 1823, s'élèvent à. 136,852,753.

La diminution des frais serait donc de. . . . . 27,959,969 fr.

autant dire. . . . . 28,000,000 fr.

Les contribuables seraient *annuellement soulagés* de cette somme.

Leur *espoir* ne serait pas *déçu*.

Les rentiers ne verraient pas leurs revenus *diminués*, et, en essuyant leurs *larmes*, ils oublieraient promptement

Les craintes qu'ils auraient eues,

Les *maux* dont on les aurait *menacés*.

Tout le monde serait *content*, à l'exception des *abus*, qui n'auraient qu'à s'en prendre à *eux-mêmes* d'avoir forcé de vouloir, aussi, sérieusement les *réduire*.

Je conçois qu'on peut me dire :

Numériquement, ce mode pourrait atteindre le

but relatif aux rentiers et aux contribuables, puisque les uns ne *perdraient pas,* et puisque les autres *acquerraient;* mais resterait encore le *but* de *diminuer* le *taux* de *l'intérêt* de nos *valeurs.*

A cela je répondrais, avec la plus intime *conviction,* et en *appuyant* sur les *résultats accablans* que renferme cet écrit :

De tout le plan de réduction, ce dernier *but* est le plus *à craindre,* et le plus *dangereux* dans ses *conséquences* et dans ses *résultats d'ensemble.*

Je ne saurais donc trop le répéter :

S'il fallait *absolument courber* notre *tête*, on pourrait, *comme contraint et forcé,* consentir à des sacrifices qui fussent également répartis ; mais jamais, *quoiqu'il en puisse survenir,* on ne devrait prêter la main à l'exécution de la *réduction* des *rentes.*

Le *coup* serait *mortel.*

Mortel pour nos *fortunes*, et, *malheureusement* probablement pour notre *régénération politique.*

Rapprochement des déterminations possibles, relativement au projet de la réduction des rentes.

En définitive, les déterminations possibles, relativement au projet de la réduction des rentes, se réduisent aux suivantes :

1re *détermination*. Ne rien changer à l'état actuel.

2e *détermination*. Effectuer la réduction des rentes ; et sacrifier les contribuables, en augmentant de plus de 100 pour cent la plus-value des sacrifices qu'ils ont déjà à supporter dans l'état actuel.

3e *détermination*. Effectuer la réduction des rentes ; ne pas sacrifier les rentiers ; mais augmenter de plus de cent pour cent la plus-value des sacrifices, que, dans l'état actuel, les contribuables ont déjà à supporter.

4e *détermination*. Effectuer la réduction des rentes ; sacrifier les rentiers ; mais ne pas augmenter, par la réduction des rentes, la perte dejà existante pour les contribuables, même la diminuer.

5e *détermination*. Ne sacrifier ni les rentiers, ni les contribuables ; et, au contraire, diminuer de près de moitié la plus-value des sacrifices que, dans l'état actuel, ces derniers ont à supporter.

Je vais présenter succinctement les résultats de chacune de ces cinq déterminations.

1re DÉTERMINATION.

Ne rien changer à l'état actuel.

Sans réduction, la perte assurée pour les contribuables par suite des négociations des rentes au-dessous du pair, et des rachats au pair, s'élève, ainsi que je l'ai démontré dans l'ouvrage dont cet opuscule est extrait, à . . . . . . 3,120,319,279 fr.

2e DÉTERMINATION.

Effectuer la réduction des rentes; sacrifier les rentiers; et sacrifier les contribuables, en augmentant de plus de cent pour cent la plus-value des sacrifices qu'ils ont déjà à supporter dans l'état actuel.

Tel est le projet ministériel.

On a vu page 138 quels en seraient les résultats.

3e DÉTERMINATION.

Effectuer la réduction des rentes; ne pas sacrifier les rentiers; mais augmenter de plus de 100 pour cent la plus-value des sacrifices, que, dans l'état actuel, les contribuables ont déjà à supporter.

Admettons que, *obstinément*, on veuille effectuer la réduction des rentes.

Dans ce cas, je dirais :

Faites-le, puisque tel est votre bon plaisir. (Puissiez-vous n'avoir jamais à vous le reprocher!)

Mais, au moins, ménagez les intérêts des rentiers, qui, pour vous, d'après les expressions formelles de la Charte, doivent être sacrés.

Dès lors, on *opérerait* la *réduction* en *substituant* aux 5 pour cent des 3 pour cent au taux de 75 fr.

Mais en même temps la somme résultante de la réduction des rentes, ou, si l'on veut, la somme provenante de la réduction des frais de perception d'impositions, serait un nouveau *titre* de *propriété* attribué aux rentiers.

Dans le premier cas, la somme résultante des moindres frais de perception soulagerait les contribuables.

Dans le second cas, la réduction des rentes viendrait à leur décharge.

A cet effet, il serait joint à chaque *coupon* de 1,000 fr. de rentes *rachetables*, un *coupon proportionnel*, ayant pour *gage* les 28,000,000 fr. attribués aux rentiers comme *compensation* de la *réduction* de leurs rentes.

Ces *coupons* auraient droit à des *tirages* qui auraient lieu *chaque année*.

La combinaison de cette *loterie* serait telle que tous les *coupons*, sans *exception*, *obtiendraient* un *lot*.

Les moindres lots seraient tels, que l'intérêt des *moins favorisés* ne pourrait pas ressortir *au-dessous* de 4 et demi pour cent.

Chaque année, le plus favorisé par la fortune obtiendrait un *lot* de 500,000 francs.

Les trois pour cent ne pourraient être *remboursés* qu'au *capital* de 100 francs.

Ils ne pourraient, sous aucun *prétexte*, être *réduits* ou *remboursés* directement avant vingt-cinq années.

La caisse d'amortissement continuerait à *jouir* de la même *dotation*.

Elle *achèterait* ou *n'achèterait pas* sur la *place*, suivant qu'elle jugerait nécessaire soit de *soutenir* les cours, soit de les *abandonner à leur propre direction*.

Quand elle *n'achèterait* pas, elle *emploierait* ses *fonds disponibles* en *placemens* sur les *effets* du *gouvernement*, de manière à obtenir toujours le *résultat* des *intérêts composés*.

Au bout de vingt-cinq ans, les fonds existans comme *actifs* dans la *caisse d'amortissement* serviraient à rembourser les trois pour cent qui pourraient encore *rester* sur la place.

En adoptant cette détermination, les rentiers n'éprouveraient aucune perte, ni sur leur revenu, ni sur leur capital.

Mais les contribuables auraient de même à supporter une nouvelle augmentation de surcharge de sacrifices dont l'importance s'élèverait à plus de cent pour cent de la plus-value des sacrifices primitifs que, dans l'état actuel, c'est-à-dire avant la réduction des rentes, les contribuables ont déjà à supporter.

Une *perte* de 7,127,192,879 fr., est, sans doute, déjà bien *suffisante!*

4e DÉTERMINATION.

Effectuer la réduction des rentes; sacrifier les rentiers; mais ne pas augmenter, par la réduction des rentes, la perte déjà existante pour les contribuables, même la diminuer.

Supposons que, malgré nos *efforts* et notre *ténacité*, nous nous trouvions à la veille de *succomber*, et qu'il faille éprouver la *poignante douleur* de voir *sacrifier* les rentiers,

Nous devrions nous dire :

Contre la force, pas de résistance;

Mais, au moins, évitons, ne fût-ce que partiellement, d'augmenter de plus de quatre milliards la détérioration des contribuables qui, indépendamment même de cet accroissement de détérioration, s'élèverait déjà à plus de trois milliards.

Pour atteindre ce double *but*, voici ce que je proposerais :

Après avoir laissé l'*option* entre le remboursement *intégral*, ou la réduction des rentes, on réduirait tout ce qui n'aurait pas été remboursé, et on substituerait à chaque 5 fr. de 5 pour cent, 4 fr. en 4 pour cent valeur nominale de 100 fr.

Ces 4 pour cent seraient divisés en trente coupons.

Le remboursement de l'ensemble de ces coupons aurait lieu par trentième, d'année en année, à partir du 1er janvier 1830.

Le tirage assignerait quels seraient les coupons remboursables.

En 1830, l'action amortissante de la caisse d'amortissement cesserait d'exister.

Cependant la caisse ne serait pas supprimée; elle se trouverait seulement transformée en caisse de *réserve*.

Sa *dotation annuelle* et ses *moyens accessoires* resteraient les mêmes.

Les *produits* de la réduction des rentes lui seraient *assignés*.

Elle ferait *fructifier* ses moyens actifs, en les appliquant sur la place, soit en achats de rentes, soit à l'achat des valeurs du gouvernement qui auraient le plus besoin d'*appui*.

Ce serait sur les fonds de la caisse que se *prélè-*

veraient les *remboursemens ;* à cet effet son *actif* se trouverait, jusqu'à *extinction* totale, augmenté de toutes les *rentes remboursées.*

Les 28 millions résultans de la réduction des frais de perception d'impositions s'appliqueraient au soulagement des contribuables.

Par ces moyens, en admettant que la réduction amenât, *généralement,* ainsi que le désire et que l'espère le gouvernement, l'intérêt légal au taux de quatre pour cent,

La perte des contribuables, résultante de la réduction des rentes, qui, sans réduction des frais de perception d'impositions, aurait dû être de . . . . 3,120,319,279 fr.

disparaîtrait, et serait remplacée par une diminution, sur la perte déjà assurée, de 845,630,022 fr.

5e DÉTERMINATION.

Ne sacrifier ni les rentiers ni les contribuables; et, au contraire diminuer, de près de moitié, la plus-value de sacrifices que ces derniers auraient à supporter, sans réduction des rentes.

Tel est le projet de libération que je proposerais de *substituer* à celui de M. le ministre des finances, comme lui étant, sous tous les rapports, bien *préférable.*

Ainsi que nous l'avons démontré, le projet de la réduction des rentes, présenté par M. le ministre des finances, *sacrifie* tout le monde.

Il aurait été au contraire *désirable* que personne ne fût *sacrifié*.

Dans la position de *fait* et *d'impression* où nous a placés le projet de loi, il serait maintenant difficile *d'atteindre* ce but.

Il n'existerait, il me semble, qu'un seul moyen d'y parvenir; ce serait celui que je propose :

Il consisterait à ne point *réduire* les rentes, et à *soulager annuellement* les contribuables des 28 millions provenans de la réduction des frais de perception des impositions.

Dès lors la *réduction*, ne se portant que sur des *abus*, loin de provoquer nos *justes réclamations*, exciterait au contraire nos *éloges*.

En se bornant là,

Ni les rentiers, ni les contribuables ne seraient *lésés*.

Les *craintes* des rentiers se dissiperaient; leur *confiance* surnagerait; le *crédit* renaîtrait.

L'*espoir* des contribuables ne se trouverait pas *déçu*.

Le but des conséquences du projet, *vrai* ou *supposé*, *fondé* ou *non fondé*, *réel* ou *imaginaire*, ne serait pas à la vérité *atteint*.

Ce serait là un nouvel *avantage*.

Si la *conviction* parvient à toutes les âmes, ce but ne serait heureusement pas *atteint*, parce qu'on aurait reconnu que, dans la position où se trouve la France, en soi il est *dangereux*.

On aurait en cela rendu un véritable *service* au gouvernement.

Il s'apperçevrait sans doute, un peu plus tard, qu'on aurait beaucoup mieux fait, sous l'aspect de la fortune et de la prospérité publiques, qu'il ne préjugeait pouvoir faire.

En effet, en renonçant au projet de réduction, on ne sacrifierait pas des intérêts *réels* et *matériels* à des intérêts *éventuels* et contraires à tous les ordres de probabilités.

Faisons que la balance de notre commerce extérieur devienne *avantageuse*; donnons lui toute *l'extention* dont il peut être susceptible; et alors embarrassons-nous peu du reste.

Que le taux de l'intérêt soit élevé; son *élévation* ne produira aucun genre de mal.

Que le taux de l'intérêt soit très bas; son *abaissement* n'aura de même aucun danger.

L'influence de cette *élévation* ou de cet *abaissement*, se concentrant dans l'intérieur, ne sera plus que relative, et n'agira conséquemment que sur les *valeurs nominales*, et non sur les *valeurs réelles* des signes représentatifs.

En suivant cette marche, nous éviterons de commettre une *injustice!*

Meos tàm suspicione quàm crimine judico carere oportere. (SUET. CÆS.)

Voilà, dignes représentans de l'incomparable nation française, l'honneur et la gloire qui nous sont réservés.

Vos noms *bénis* par nous passeront à la *postérité,* et seront également *bénis* par nos *neveux.*

Des marches du trône réfléchira sur vous l'éclat resplendissant du glorieux titre, si justement mérité, de *père* du *peuple.*

En ne faisant pas de réduction sur les rentes, mais en faisant une réduction sur les frais de perception d'impositions qu'on appliquerait au soulagement des contribuables,

Les rentiers n'éprouveraient aucune perte, ni sur leur revenu, ni sur leur capital.

Les contribuables obtiendraient une amélioration comparative de......... 1,532,200,000 fr.

Leur perte, dans l'état actuel, c'est-à-dire indépendante du projet de réduction des rentes, serait de.................... 3,120,319,279 fr.

Leur perte primitive se trouverait donc réduite de près de moitié, et ne serait plus que de 1,588,119,279 fr.

Comparaison entre le projet présenté par M. le ministre des finances, et le projet que je propose d'y substituer.

En comparant le projet de M. le ministre des finances avec celui que je propose d'y substituer, projet que je viens de détailler dans la cinquième détermination, on trouve entre eux une *différence* de *résultat*, au *désavantage* du projet ministériel, *résultat désavantageux* qui s'élève à. . . . . 5,539,033,600 fr.

Cette *différence* est bien assez *considérable* pour être de quelque *poids* dans la balance, et pour *mériter* une *sérieuse attention*.

Conséquences indirectes du projet que je propose de substituer au projet ministériel.

Les motifs de *préférence* du projet que je propose de substituer à celui de M. le ministre des finances ne seraient pas uniquement fondés sur des *avantages pécuniaires*.

Ce nouveau projet *anéantirait* bien certainement, au moins relativement aux rentes, l'*agiotage*, qu'on *déplore*, et dont on *se plaint* avec *juste raison*.

En effet, si le cours des cinq pour cent *s'élevait* au-dessus de leur valeur nominale de 100 fr. pour 5 fr., la caisse d'amortissement *cesserait* ses achats, et porterait ses placemens sur d'autres valeurs du gouvernement, surtout sur celles qui pourraient avoir besoin de *secours* et d'*appui.*

Si au contraire les cinq pour cent *baissaient* au-dessous de leur valeur nominale, la caisse reprendrait ses achats, et rétablirait promptement l'équilibre.

La caisse deviendrait réellement alors ce qu'elle aurait dû toujours être, une *puissance équilibrante* ayant pour but un juste et convenable remboursement.

La rente deviendrait en même temps ce qu'elle aurait dû toujours être, un *placement sûr, commode, convenable*, et d'une *réalisation facile, prompte, et non chanceuse.*

Je me doute bien qu'on objectera que, d'après ce plan, l'intérêt ne baisserait pas au-dessous de l'intérêt légal, et que, si de nouveaux besoins survenaient, on ne pourrait pas emprunter à plus bas prix.

Ce serait justement là, dans la position où nous nous trouvons placés, pourrait-on répondre avec raison, l'un des avantages du nouveau projet.

Et d'ailleurs, cette crainte de voir diminuer les occasions d'emprunter à plus bas prix ne serait pas fondée.

En effet, dans notre position, il ne serait pas *utile*, il serait même *dangereux* de négocier à des intérêts inférieurs à ceux de la loi, des valeurs *assimilables* à nos rentes; nous l'avons démontré: mais il serait *convenable*, il serait *utile*, il serait *profitable* de négocier à un intérêt inférieur à celui de la loi des valeurs qui ne seraient pas *assimilables* à nos rentes.

Il est certain que l'intérêt de toutes les valeurs du gouvernement ne *s'équilibre* pas :

Ainsi, antérieurement à la situation actuelle et passagère de la place, situation *forcée* qui *dénote* des *ressorts* tellement *tendus* qu'ils sont près de se *rompre*, les bons du trésor ne se faisaient-ils pas à 3 pour cent, tandis que les rentes rapportaient encore environ 5 1/2 pour cent ?

Il est donc constant que, si l'intérêt de l'argent est peu élevé, *surtout d'une manière durable*, car c'est là où les *propositions* de monsieur le ministre des finances sont plus que *vulnérables*; que si, dis-je, l'intérêt de l'argent est peu élevé, le gouvernement, s'il croit avoir des besoins, soit *réels*, soit de *prévision*, peut négocier à bas prix toute autre valeur que des rentes ?

Dirait-il qu'alors les prêteurs se retireraient?

Je le crois bien, car ce genre de *prêteurs* n'a ni *envie*, ni intérêt de *prêter*.

Leur *spéculation* de *jeu n'existerait* plus.

Ce ne sont pas des *placemens* qu'ils *veulent*;

Ce sont des différences sur les capitaux qui leur *conviennent.*

Ces différences, réalisées en peu de temps, leur *représentent* des *intérêts énormes.*

Mais pour les intérêts *durables,* ils ne s'en *embarrassent nullement;* ce sont là des os à ronger pour ceux qui prennent leurs places.

Et d'ailleurs, serait-il donc nécessaire de faire de nouvelles négociations ?

N'a-t-on pas toujours *promis*, d'années en années, un soulagement aux contribuables ?

Cette promesse, très-certainement faite de *bonne foi,* ne pourrait se concilier avec l'idée de nouveaux *besoins extraordinaires.*

Rien, depuis ces promesses, ne s'est *détérioré;* tout, au contraire, semblerait s'*améliorer :* il ne doit donc pas y avoir de nouveaux *besoins;* il ne sera pas *heureusement* nécessaire de faire de nouvelles *négociations ;* et dès lors ce motif, plus qu'*éventuel*, ne peut entrer pour rien dans la *balance* de *compensation* du *mal* de la *réduction.*

Bases de la réalisation du projet que je propose de substituer au projet ministériel.

Pour réaliser le projet que je propose de substituer à celui de M. le ministre des finances, voici les bases de la loi telle que je la concevrais.

1° Conformément à la loi du 21 floréal an 10, cinquante millions de rentes, faisant partie des 197,480,266 fr. de rentes inscrites sur le grand-livre ne seraient pas remboursées ;

2° Diminuant des 147,480,266 fr., restant après cette réduction des 50 millions, les 31,912,021 fr. de rentes déjà rachetées par la caisse d'amortissement avant le 1er janvier 1824, il ne resterait plus en rentes rachetables que 115,568,245 fr. ;

3° Ces rentes rachetables seraient remboursables, *intégralement* et sans *réduction*, au pair de 100 fr. pour 5 fr. ;

4° Ce remboursement aurait lieu chaque année, dans une proportion *concordante* avec l'actif de la caisse d'amortissement ;

5° A cet effet, toutes les rentes au-dessus de 100 fr. seraient échangées contre des coupons de 100 fr. numérotés ;

6° Chaque année, la caisse appellerait à remboursement les numéros qu'elle pourrait rembourser ; elle ne pourrait dans cet appel intervertir l'ordre des numéros ;

7° La caisse continuerait, avec ses fonds disponibles, ses achats sur la place ; elle les appliquerait en rachats de rentes lorsque leur cours baisserait au-dessous de 100 fr. ; mais, lorsque ce cours s'élèverait au-dessus de 100 fr., elle emploierait ses fonds disponibles en achats de valeurs du gouvernement d'une réalisation facile, et qui se trouveraient avoir besoin d'appui ;

8° Les rentes remboursées, de même que les rentes rachetées, deviendraient la propriété de la caisse d'amortissement, jusques à l'achèvement de l'amortissement ou du remboursement;

9° A cet achèvement d'amortissement et de remboursement, les rentes remboursées ou rachetées seraient annihilées, et leur annihilation ainsi que la suppression de la dotation annuelle tourneraient au profit des contribuables;

10° Sous aucun prétexte, l'ensemble des frais de perception des contributions de toutes natures ne pourrait dépasser quinze pour cent du produit net. La répartition de ces quinze pour cent serait fixée par des ordonnances. Les 28 millions environ qui proviendraient de cette réduction serviraient uniquement au soulagement des contribuables;

11° Si, dans l'avenir, des besoins déterminaient à de nouvelles négociations de rentes, il serait établi un second grand-livre, distinct en tous points du premier, et les bases et les conditions de ces nouvelles négociations seraient fixées par la loi qui les autoriserait.

Au moyen de ces dispositions,

On se passerait *heureusement* des traitans;

Les contribuables n'auraient pas à supporter une *plus-value* de *charges* de

4,006,833,600 fr.

On *diminuerait* la *perte* des 3,120,319,279 fr., que, dans l'état actuel, et *sans modification*, les contribuables ont à ajouter au remboursement *intégral*, en capital et en intérêts, de leur *dette primitive*, d'une somme de

1,532,200,000 fr.

Ce qui revient à dire qu'on *soulagerait* comparativement les contribuables d'une somme totale de

5,539,083,600 fr.

Enfin, l'on ne *contreviendrait* pas aux dispositions de la Charte; et l'on ne *sacrifierait* pas, sans aucun genre d'*utilité*, les rentiers dont les droits *garantis* devraient être *sacrés*, en leur faisant *perdre* le *cinquième* de leur *revenu*.

Commettre une *injustice*; compromettre sa *réputation* et son *credit; léser* ses *créanciers; léser* bien plus fortement encore les *contribuables;* et tout cela dans la seule *perspective* de l'espoir plus qu'*éventuel*, plus que *chanceux*, plus qu'*improbable*, d'une *diminution générale* du taux de l'intérêt, et des *conséquences* d'une telle diminution, conséquences *nulles* pour l'intérieur, et *défavorables* pour l'extérieur.

Serait-ce là ce qu'on pourrait qualifier de *prudence!*

« A leur naissance, les fautes financières n'ap-
« paraissent que comme un point de mirage. Bien-
« tôt elles engloutissent tout ce qu'elles envelop-
« pent.

« Un seul moment d'*irréflexion* est souvent,
« pour les Etats comme pour les particuliers, une
« source éloignée, mais inévitable, des boulever-
« semens et des tourmentes. »

De la réduction de la dotation de la caisse d'amortissement.

Lors de la discussion sur le projet de la réduction des rentes, plusieurs personnes ont émis l'opinion qu'il serait plus avantageux de réduire la dotation de la caisse d'amortissement que de réduire les rentes.

Primitivement messieurs les émigrés avaient de leur côté pensé qu'on pourrait trouver dans une réduction de la dotation de la caisse d'amortissement matière aux *indemnités* qu'ils réclament.

Recherchons quels auraient été les résultats de ces diverses dispositions avant la réduction des rentes, et quels ils seraient après cette réduction.

J'ai prouvé matériellement, dans l'ouvrage dont cet opuscule est extrait, que, dans la position où nous ont placés nos négociations et nos rachats de rentes, nos *pertes* seraient d'autant *moindres* que la dotation de la caisse d'amortissement serait *plus considérable*.

Avant la présentation du projet de réduction, la dotation de la caisse d'amortissement s'élevait à

71,912,021 fr.

La *durée* de l'amortissement aurait été de

23 années, 9 mois, 15 jours.

La *perte*, indépendante de l'acquittement *intégral* de la dette primitive, et de ses intérêts, pendant 23 années, 9 mois, 15 jours, aurait été de

3,120,319,279 fr.

Voyons d'abord quelles auraient été les modifications survenues dans ces deux derniers résultats, par le fait d'une *élévation* de la dotation de la caisse d'amortissement jusqu'à

100,000,000 fr.

Dans ce cas, la perte se fut levée à	2,490,519,279 fr.
Avec dotation de 71,912,021 francs, elle aurait été de. . . .	3,120,319,279.
L'*amélioration* par l'augmentation de dotation aurait donc été de.	629,800,000 fr.

Voyons de même quelles auraient été les *améliorations*, ou, ce qui est la même chose, les *diminutions* de pertes qu'eût procurées une dotation de

200,000,000 fr.

Dans ce cas, la *perte* se fut élevée à	1,684,019,279 fr.
Avec dotation de 71,912,021 francs elle aurait été de. . . .	3,120,319,279.
L'amélioration par l'augmentation de dotation aurait donc été de	1,436,300,000 fr.

Voyons enfin quel le aurait été la position réelle des contribuables avec une dotation réduite à

40,000,000 fr.

Dans ce cas la *perte* se fût élevée à	4,910,519,279 fr.
Avec dotation de 71,912,021 fr. elle aurait été de	3,120,319,279.
La *détérioration* par la *diminution* de dotation aurait donc été de	1,790,200,000 fr.

Il résulte de ces comparaisons que, dans la position où se trouvent les contribuables, en écartant le mal imminent de la *réduction* des rentes, le seul moyen de les *soulager* aurait été de les *surcharger*, momentanément, autant qu'ils auraient pu le supporter, et que, loin de les *soulager*, en *diminuant* la dotation de la caisse d'amortissement, on ne ferait qu'*augmenter* considérablement leur *surcharge*.

Les personnes qui insistaient pour une *réduction* sur la dotation de la caisse d'amortissement n'avaient sans doute par assez *mûri* cet objet.

Elles présentaient, sous ces aspects, trop de points vulnérables.

On n'en a pas profité, soit qu'on n'*entrevît* pas les réfutations que suggérait ce genre de réduction, soit qu'on se crût trop *assuré* du *succès*, pour porter préjudice aux traitans, en retardant la sanction parlementaire.

Mais ce qu'on n'a pas fait aujourd'hui, disposons-nous, NOUS, à le faire, si, par suite, se rappelant l'espèce de *réserve*, qu'on a annoncée, d'*entamer*, dans l'*avenir*, les fonds de la caisse, le cas y échéant, on voulait, pour quelques dispositions que ce fût, puiser, avant complément d'amortissement, des ressources dans une dotation qui, loin de pouvoir être diminuée, devrait, si on s'*assujettissait* à l'obéissance aux *lois*, être au contraire *augmentée*.

En effet, la loi du 29 floréal an 10, loi qui n'est pas rapportée, et qui, jusqu'à ce qu'elle le soit, doit faire autorité, s'exprime en ces termes :

« Les cinq pour cent consolidés ne pourront, « dans aucuns temps, excéder 50 millions; et si, « par l'état des consolidations restant à faire, en « vertu des lois existantes, ou par des emprunts « que la loi autoriserait, la dette se trouvait aug- « mentée au delà de cinquante millions, cette aug- « mentation ne pourrait être faite, sans qu'il soit « affecté un fonds d'amortissement suffisant pour « amortir au plus tard en quinze ans l'excédant « des cinquante millions. »

Pour se conformer pleinement à cette loi, il aurait fallu calculer les 15 années, données pour le rachat, à partir des émissions : comme cela n'a pas été fait, à beaucoup près, délaissons cette position qui serait plus avantageuse à ma proposition ; ne partons que du 1er janvier 1824, et considérons comme dotation annuelle non seulement les 40 millons de dotation annuelle, mais encore les 31,912,021 fr. d'arrérages des rentes rachetées.

La masse des rentes inscrites est de.	197,480,266 fr.
Défalquant les rentes rachetées.	31,912,021.
Reste	165,567,245 fr.
Défalquant en outre la portion immobilisée, réservée par la loi.	50,000,000.
On n'aurait plus à amortir que.	115,567,246 fr.

Pour racheter, en quinze années, ces 115,567,245 f. de rentes, passibles d'amortissement, au prix de 100 fr. pour 5 fr., il faudrait une dotation

de.	102,000,000 fr.
La totalité de la dotation n'est aujourd'hui que de.	71,912,021.
Loin donc de pouvoir *diminuer* la dotation de la caisse d'amortissement, il faudrait, au contraire, pour se conformer à la loi, l'*augmenter* de	30,087,979 fr.

Ainsi, sous cet aspect, on ne pourrait pas, pour le présent, faire aucune *réduction* sur la dotation de la caisse d'amortissement; on devrait, au contraire, *accroître* cette dotation.

On ne pourrait pas davantage, pour l'*avenir*,

puiser aucun secours, sous quelque prétexte que ce fût, même en soi légitime, dans la dotation successivement *croissante* de la caisse d'amortissement.

Position dans laquelle nous place la réduction des rentes, eu égard à la loi du 29 floréal an 10.

Après réduction d'un cinquième sur les rentes, la portion passible de rachat serait de	137,472,192 fr.
Il faut en ôter la portion, *réduite*, *immobilisée* par la loi, savoir	40,000,000.
Resterait comme *passible* d'amortissement.	97,472,192 fr.

Pour racheter, en 15 années, ces 97,472,192 fr. à l'intérêt de 3 pour cent, il faudrait une dotation de.	239,200,000 fr.
La totalité de la dotation actuelle n'est que de.	71,912,021.
Loin donc de pouvoir *diminuer* la dotation de la caisse d'amortissement, il faudrait, après la réduction des rentes, pour se conformer à la loi, *augmenter* cette dotation de.	167,287,979 fr.

Ce nouvel aspect de la réduction n'est pas moins *affligeant* que les autres;

Ou il faut, d'une manière *absolue*, *contrevenir* à la loi; ou si l'on voulait *respecter* au moins la loi, il faudrait *augmenter* la dotation de la caisse d'amortissement, et conséquemment faire *supporter* aux contribuables une *surcharge* annuelle de. 167,287,979 fr.

On ne leur aurait *accordé* qu'une *décharge* de 28,096,192 francs, et encore aux dépens de qui ? des rentiers, d'une partie *d'eux-mêmes*.	28,096,192.
L'*augmentation* de *surcharge* serait donc encore de.	139,191,787 fr.

Plus on retourne cette opération, pour la considérer sous ses diverses faces, et plus la masse de ses résultats *accablans* acquiert d'*énergie*.

Et dans une telle position, tout citoyen qui *apprécie* le genre de *liberté* que lui *assure* la *Charte* pourrait se *résoudre* à garder le *silence!*

Non.

Vivre sous des Bourbons, et *s'avilir* par excès d'*insouciance* ou de *faiblesse* :

Ces deux positions ne sont pas *compatibles* ;

Du moins, j'en ai le *sentiment*.

Quant à moi, qui n'ai pas une obole de rentes sur le grand-livre, qui ne suis ni *vendeur* ni *acheteur* à *termes*, dont la fortune est totalement étrangère à ce genre de placement,

J'en appelle, non à ce qu'on nomme la *postérité*, mais seulement à *dix* années d'*expérience*.

Sans *crainte*, et avec la plus intime *conviction*,

Je *prophétise*,

Et je me rendrais *garant* sur ma tête de l'*avenir*.

Je pose donc, comme proposition *inébranlable*, qu'il ne se passera pas dix années avant que toute la nation française ne soit pleinement convaincue des résultats *ruineux* du projet de réduction.

Puissé-je vivre encore à cette époque, et m'exposer, la *tête levée*, au jugement *souverain* du public, pour recevoir de lui, si mes bonnes *intentions m'égarent*, le *coup mortel* d'avoir *osé affirmer*, dans des objets *éventuels;* ou pour entendre *prononcer* la seule *réflexion* que, dans sa *générosité*, la *grande* nation pourra adresser aux auteurs du plan :

Vous aviez pleinement raison en disant :

« Tout est lié dans le bien comme dans le mal, « dans le vrai comme dans le faux : entrez dans la « bonne voie, tous les résultats sont bons, éga- « rez-vous dans la mauvaise, tout vous tournera « à mal. »

D'une diminution de la dotation de la caisse d'amortissement, pour subvenir aux indemnités qu'on a fait pressentir à messieurs les émigrés.

Les expressions des discours de monsieur le ministre des finances, relativement à la réduction des rentes, sont si *formelles*, qu'il est impossible de de ne pas regarder comme certain que, *heureusement*, le produit de la réduction tournera au profit du *soulagement* des contribuables, et non au profit de messieurs les émigrés.

S'il pouvait en être autrement, on se rappellerait sans doute cette pensée, souvent applicable dans les rapports d'intérêts,

« *Donner* et *retenir*, c'est *pire* que *dérober.* »

Cependant il faudra bien trouver quelque part *matière suffisante* pour satisfaire à des indemnités formellement *promises*.

On ne peut que *préjuger* à cet égard les intentions de M. le ministre des finances : je ne dis pas ses intentions de *réalisation,* car maintenant il n'y a plus à *reculer* à ce sujet ; mais je dis ses intentions d'*exécution*.

Il semblerait que nous pourrions fonder notre *prévision,* relativement à cette intention d'exécution, sur quelques unes des propositions des discours de M. le ministre des finances.

En combattant les opinions des personnes qui voulaient substituer au projet de réduction des rentes une réduction de la dotation de la caisse d'amortissment, il laissait entrevoir que, relativement à cette dernière réduction, le moment n'était pas *opportun*, mais que *plus tard* on pourrait y *revenir*.

« On pourra plus tard, a-t-il dit, réduire la « caisse d'amortissement ; mais ce n'est sans doute « pas maintenant qu'on voudrait la dépouiller. »

Serait-ce donc dans cette seconde réduction qu'*ultérieurement* on aurait l'intention de puiser le *matériel* des *indemnités ?*

Je ne sais si c'est là le projet, mais du moins cela ne semble pas *invraisemblable*.

A tout hasard, supposons cette *réalisation*, et recherchons quels en seraient les résultats dans la position où nous place la réduction des rentes.

Position mixte *et plus que* chanceuse *dans laquelle la réduction des rentes place MM. les émigrés prétendant à des indemnités.*

Cette discussion, très-intéressante par ses résultats et par ses conséquences, pourrait aussi avoir pour épigraphe cette proposition de M. le ministre des finances.

« Tout est lié dans le bien comme dans le mal ;
« dans le vrai comme dans le faux : entrez dans la
« bonne voie, tous les résultats sont bons ; éga-
« rez-vous dans la mauvaise, tout vous tournera
« à mal. »

Combien la position de MM. les émigrés, qui jusqu'ici se sont *contentés d'espoir* et de *promesses*, peut, dans cette situation, devenir *critique*.

Ils ne pourraient *aspirer* à la part de la *réduction* des rentes.

Ils ne pourraient raisonnablement fonder leur espoir sur une *réduction* de la dotation de la caisse d'amortissement.

Ils se diraient sans doute alors, en supposant qu'ils *bornassent* là leurs *reproches* :

L'espoir déçu est pire que le mal même.

La dotation actuelle de la caisse d'amortissement s'élève à.	71,912,021 fr.
Si l'on en prenait pour les indemnités une somme équivalente à la réduction des rentes, savoir :	28,096,053 fr.
Il ne resterait plus que.	43,815,968 fr.

Les rentes rachetables se trouveraient augmentées de ces. . . . . 28,096,053 fr.

Déjà elles s'élèveront après la réduction à. . . . . 137,472,192 fr.

La totalité des rentes rachetables s'élèverait donc toujours à. . . . . . 165,568,245 fr.

Pour racheter 165,568,245 fr. de rentes, à l'intérêt de 3 pour cent, avec une dotation de 43,815,968 fr., il faut un laps de temps de. . . . . 52 ans 1 mois 17 jours.

Dans notre situation actuelle, c'est-à-dire, sans réduction sur les rentes, sans réduction sur la caisse d'amortissement, et sans indemnités, l'amortissement des 165,562,245 fr. de rentes, rachetées à 100 fr. pour 5 fr. aurait duré. 23 9 15

Dans cette nouvelle position, la prolongation de la durée de l'amortissement serait donc de. 28 ans 4 mois 2 jours

Le bénéfice pour les contribuables, y compris frais de perception, s'élèverait en capital et en intérêts à . . . . 1,036,851,500 fr.

La perte se composerait ainsi qu'il suit :

Différence entre les débours, pour le rachat au pair des 165,568,245 fr. de rentes non réduites, et le rachat à 3 pour cent des 137,472,192 f. de rentes provenantes de réduction, et des 28,096,053 fr. de rentes données à l'intérêt de 4 pour cent en indemnités, et rachetées à l'intérêt de 3 pour cent. . . . . 1,789,022,208 fr.

Continuation des débours des contribuables, pendant les 28 années 4 mois 2 jours, excédant de la durée de l'amortissement, pour le paiement de la dotation de la caisse, et des arrérages des rentes, en capital et en intérêts . . . . 11,199,500,000 fr.

Ensemble . . . . 12,988,522,208 fr.

Le bénéfice serait de. . . . . 1,036,851,500 fr.

La perte serait donc de. . . 11,951,670,708 fr.

Ainsi, après avoir payé intégralement, en capital et en intérêts, notre dette primitive, qui ne s'élevait qu'à

3,372,683,318 fr.,

Une *mauvaise gestion financière, irréfléchie* et *mal dirigée,* nous aurait coûté un *surcroît* de *sacrifice* dont l'importance s'élèverait à

15,071,989,987 fr.

Représentant au denier légal de 5 pour cent, à partir de l'achèvement de l'amortissement, un revenu de

753,599,499 fr.

C'est-à-dire, entre le cinquième et le sixième de la totalité du revenu des richesses territoriales, mobilières et industrielles de la France.

Et l'on pourrait se flatter qu'après de tels *échecs*, on confiât *aveuglement* sa fortune à de semblables *impulsions !*

Dût la mienne s'anéantir, je le préférerais, plutôt que de la voir *s'éparpiller* par des mesures *repoussées* par ma *raison* et par mes *sensations*, et plutôt que d'être assez *lâche*, sous une telle *oppression*, pour garder le *silence*.

Résultats pécuniaires d'une émission en 4 pour cent, comparés aux résultats pécuniaires d'une émission en 3 pour cent.

Ainsi que je n'ai cessé de le répéter, les probabilités des chances *désavantageuses* du projet de la réduction des rentes ont pour principal fondement une *émission* en *trois* pour cent, au lieu d'une *émission* en *quatre* pour cent.

Si la *bonne étoile* de la France eût permis qu'on se fût arrêté à une émission en quatre pour cent, on n'aurait vu, dans le projet, que des *possibilités* d'améliorations de *conséquences*, et on n'aurait pas été entravé dans cet espoir par une *certitude absolue* d'une *perte énorme* et *inévitable*.

Une émission en quatre pour cent, dira-t-on, aurait sans doute *éloigné* les traitans.

Hélas! que de *regrets!*
Sans *eux*, pas d'*opération*.
Quelle *calamité!*
Quelle *bonne fortune!*
Précieuse alternative!

Manquer de traitans, quand il y a *matière* à *lucre!*

Ne serait-ce pas jouer de *malheur?*

Cela s'est-il jamais vu!

Est-il un seul pays *prospère*, dans lequel on ait éprouvé un si *déplorable revers?*

Un traitant *boude*: dix autres le remplacent.

Heureusement! tous n'ont pas des *prétentions également ambitieuses*.

Dans le nombre, il peut, parfois, s'en trouver qui n'imposent que des conditions *quelque peu* moins *ruineuses*.

Qu'on se *rassure* donc.

Bien *certainement*, on n'aurait pas manqué de traitans, et même on n'aurait pas *perdu* ceux qu'on semble *affectionner*.

De *guerre las*, ne pouvant *mieux faire*, et faisant déjà *supérieurement* dans leurs intérêts, ils se seraient sans doute *sacrifiés*, en se bornant à des *bénéfices* un peu moins *exorbitans*, un peu moins *disproportionnés* avec l'apparence de réalité de leurs *prétendus services.*

Généralement, ceux qui, dans une négociation, travaillent plus pour *eux* que pour les *autres*, devraient *donner*, plutôt que *recevoir.*

Mais comme, dans les rapports financiers, cet usage n'a pas encore prévalu, les traitans, supportant aussi de leur côté une petite *réduction*, s'en seraient, qu'on se garde d'en douter, bien *amplement* dédommagés, soit par des *intercalations* de détails dans les traités, intercalations en apparence peu *importantes*, soit par des opérations *accessoires* fondées, dès leur *origine*, sur une *prévision assurée* et *garantie.*

Le plus souvent de telles *épices* sont encore bien plus *lucratives* que le *fonds* même.

En suivant cette *tactique fructifère*,

On réunit à l'*accumulation* des *gains* une *apparence fascinante* de *générosité*, d'*abandon*, de *dévoument* et de *déférence* aux *exigences*.

Quoi qu'il en soit, et dans tous les cas,

Puisse le ciel, dans sa *colère*, nous *préserver* de semblables *amis!*

Le *poli*, peu durable, qu'engendre leur *attouchement*, n'est que le résultat d'un *mordant* par trop *corrosif.*

Les traitans expérimentés, ceux surtout qui ont blanchi sous le collier, ou qui sont nés avec le don de *prédestination*, savent, *malheureusement*, employer, avec *adresse*, une *tactique immanquable* pour *accaparer* la *sensation* de *conviction* des personnes qui, quoique douées des meilleures *intentions*, n'ont cependant pas encore acquis, par une *maturité* de recherches et d'expériences, les données suffisantes pour *approfondir* des objets qui ne peuvent présenter des aspects *vrais* et *incontestables* que dans l'*ensemble* de leurs *élémens* et de leurs *conséquences*.

Ces personnes sont, en général, d'autant plus *tenaces* dans leurs *impressions*, qu'elles ont plus de *droiture* dans le *caractère;* qu'elles ont plus de *confiance* dans ceux qui, en leur *suscitant* de faire le *bien général*, n'ont *en vue* que leur *bien particulier;* et que ces conseillers *tacticiens* mettent plus d'*art* à ne leur laisser entrevoir que le *beau côté* de la production de leur *génie*.

Je suis loin de penser qu'aucun de nos administrateurs puisse être rangé dans cette catégorie.

Je ne parle donc qu'en thèse général.

Mais ce dont je suis au moins bien intimement convaincu, c'est que, depuis des siècles, nos *désastres financiers* ont eu pour *origine* des *suggestions intéressées* et bien *combinées*, présentées à des personnes pour la plupart irréprochables,

Irréprochables !

Je mets de côté, non seulement les *capitulations* de conscience, mais même cette pensée, vraie pour moi, que l'un des élémens de la probité d'un administrateur, tenant les rênes de l'Etat, devrait être de ne rien adopter, et de ne rien exécuter qui fût préjudiciable aux intérêts privés et généraux.

Présentées, dis-je, à des personnes probes, qui malgré leur capacité en tous genres, malgré leur aptitude à l'incorporation de toutes natures de *lumières*, et, seulement, faute d'études et de *temps* suffisans pour atteindre la perfection, ne sont pas assez *consolidées* pour être invulnérables, et n'ont pas encore des yeux assez *perçans* pour bien *entrevoir* et *démêler* ce qu'on *sous-entend*, conséquemment pour le balancer, ce qui serait *indispensable*, avec ce qu'on met *en avant*, avec ce qu'on *assimile* à une *panacée;*

Et enfin, pour *déduire* d'une telle balance le *produit net*, soit en *actif*, soit en *passif*, d'un tel *effort d'imagination*.

M. le ministre des finances assure

1° Qu'il n'aurait pas pu trouver à emprunter, même à 6 pour cent, en rentes de 6 pour cent;

2° Que cependant ses traitans lui *prêtent* à 4 pour cent;

Or, comme ces traitans ne sont pas de la nature de ces *gens* qui font la *guerre* à leurs *dépens;* qu'au contraire, ils sont de la nature de ceux qui *donnent quelque chose* pour *recevoir beaucoup;*

Il en résulte qu'*incontestablement* ils ont établi leurs *combinaisons* de manière à avoir, au moins indirectement, plus de 6 pour cent d'intérêts.

Qu'obtiendrait-on par la réduction?

Un pour cent de remise sur l'intérêt de la dette publique.

Que paierait-on pour cette réduction?

Trente-trois pour cent d'augmentation sur la dette publique.

Peu d'affaires de ce genre suffiraient pour *épuiser* les bourses les mieux garnies.

Ce résultat de l'*opération,* joint à la déclaration de M. le ministre des finances *qu'il ne trouverait pas à emprunter, même à* 6 *pour cent*, sont une preuve *claire*, nette et *peu compliquée*, qui devrait *convaincre,* non seulement les personnes qui ne s'occupent que de futilités, mais même celles qui, soit par *apathie*, soit par *relations d'affaires*, ou de *fonctions*, ou de *confiance*, ou de *position*, n'ont d'autre *impulsion* que celle qu'on leur *communique*,

Que l'*opération ruine* le *crédit* de l'État, et ne peut être qu'une *spéculation conçue*, *enfantée* et *soutenue* par l'*esprit* de l'*agiotage* et le *délire* de la *fièvre* à la *hausse*.

Mais un jour viendra où les MAISONS DE JEUX réaliseront leurs *énormes gains*, et, leurs affaires faites, abandonneront le *terrain de la Bourse*,

Tout *croulera* alors, et tout *s'abîmera*, au milieu d'un *bouleversement général.*

Le rentier éprouvera *perte* dans son *revenu* et dans son *capital,*

Et l'État n'aura plus qu'à *regretter* la *perte* d'un *crédit passé.*

Puissent tant de *désastres* ne point nous *désoler* un jour!

Je le désire si vivement, que je forme des *vœux* pour être dans quelques années *qualifié d'insensé*, et pour être rangée dans la classe des hommes dont le *sens* n'est ni *sain* ni *droit.*

Admettons, sans tirer à conséquence, que, sur la place, l'intérêt de toutes les valeurs, *indistinctement,* soit, momentanément et réellement, à 4 pour cent.

Cette concession est certainement bien large.

Mais dans cette supposition,

Ou l'intérêt peu élevé n'aurait qu'une existence *passagère*,

Ou son existence serait *durable.*

Dans le premier cas, la réduction serait-elle fondée sur cette *délicatesse intègre* qui devrait *caractériser* un gouvernement aussi *puissant* que l'est celui de la France?

Dès l'origine, le revenu des rentiers serait diminué par la réduction, et bientôt après, il le serait de nouveau par l'augmentation des marchandises, qui proviendrait, plus ou moins, de l'élévation *oscillante* de l'intérêt.

Serait-ce donc là de la *justice distributive?*

Mais si, au contraire, l'intérêt peu élevé doit se *maintenir* et être *durable*, quel motif et quel besoin, on se le demande, non sans raison, y aurait-il donc eu de *brusquer* une opération si *immense* dans ses *résultats*, et dans ses *conséquences?*

N'aurait-on pas dû se rappeler qu'une *précipitation*, je ne veux pas dire mal *fondée*, mais toutefois *existante*, puisque les besoins ne *commandaient* pas, et puisque même les *secours* ne sont venus qu'après les *chances heureuses*, aura *coûté* à la France plus de *soixante-deux* millions?

Dans cette alternative, il serait difficile d'échapper à ce *dilemme*.

L'importance d'un capital quelconque est toujours *relative*.

Les capitaux *engendrent* les *revenus;* les revenus *satisfont* les *besoins*, et *procurent* les *jouissances*.

En général, les placemens accordent leur prédilection aux *revenus*, et s'occupent peu du *capital;* les spéculations, au contraire, n'ont en vue que le *capital*, et s'occupent peu du *revenu*.

Comme dédommagement de la réduction d'un *cinquième* de leur *revenu*, on flatte les rentiers d'une augmentation d'un *tiers* dans leur *capital.*

Il est vrai qu'en même temps on semble annoncer, pour *apaiser* les défenseurs des contribuables, que cette *perte* pour les contribuables sera réellement *fictive*, puisque le remboursement n'aurait lieu que quand on y trouvera de l'*avantage,* autant vaudrait dire, serait *indéfini* dans son époque.

Il est également vrai qu'on rendrait *problématique*, même le remboursement par la caisse, en laissant *percer* la pensée qu'un jour on pourrait aussi la *réduire*.

Quoi qu'il en *survienne*, soit par *vente*, soit par *remboursement*, soit par *amortissement*, les rentiers les plus perpicaces et les plus diligens pourront, surtout aux premières époques, et quand bon leur semblera, *rentrer* dans leur capital.

Bien certainement, en s'y déterminant, ce sera pour faire *emploi*, car il est, *heureusement*, peu ordinaire qu'aucun capital reste *oisif.*

Si l'encaissement procuré par la vente dépasse alors la valeur nominale de l'effet, ce sera une preuve que l'intérêt de l'argent sera *moindre* qu'il ne l'était *primitivement.*

Dans ce cas, avec un capital plus fort, on ne pourra, ni satisfaire plus de besoins, ni se procurer plus de jouissances;

Qu'importera donc au rentier une augmentation de son capital, puisqu'il ne pourra y trouver une *compensation* de la *perte* bien réelle d'un *cinquième* de son *revenu*.

Ainsi, si l'intérêt *baisse*, et conséquemment si la valeur *vénale* de la rente *s'élève*, le rentier ne trouvera aucun *avantage* dans la *réalisation*, à sa convenance, d'un *capital* plus *considérable*; et il restera, *avant* comme *après*, avec le *regret* bien fondé d'une *diminution*, sans *compensation*, d'un *cinquième* de son *revenu*, et conséquemment dans la *réalisation* de ses *besoins* et de ses *jouissances*.

Si au contraire l'intérêt ne *diminue* pas, et plus encore s'il *augmente*,

Le rentier pourra, après avoir vu *diminuer* son *revenu*, voir *diminuer* de même son *capital*, au lieu de le voir *s'augmenter*, ainsi qu'on l'en aurait *flatté*;

Dans ce cas, cette *proclamation* de M. le Ministre des finances serait sans application :

« La loi doit être égale pour tous, et l'action « de l'État sur les fortunes particulières dans la « même mesure pour toutes. »

M. le ministre des finances a dit, en outre :

« Dans une mesure injuste, l'exception est la « justice; dans une mesure juste, l'exception est « injustice. »

D'où l'on pourrait conclure, ce me semble, que le projet est *injuste*, puisque 57 millions de rentes sont exceptés de la réduction projetée.

Si la mesure était *juste*, il y aurait *injustice*, au moins dans son application, puisqu'une seule classe de contribuables, celle des rentiers, éprouverait une perte de revenu.

Le fait certain est qu'elle sera injuste pour tout le monde, puisque les rentiers y perdront, et puisque les richesses foncières y perdraient encore plus.

Toutefois, dans cette position d'intérêts respectifs, des esprits *argutieux et bien portés* pourraient juger que la mesure est *juste*, puisque, en définitive, toute la masse des contribuables en souffrira, et d'une manière assez prononcée pour que chacun n'en perde jamais la mémoire.

Ils pourront ajouter que le projet de réduction doit sembler d'autant plus recommandable, qu'il aura fait ce qui jusqu'ici avait semblé impossible, *qu'il aura concilié entre eux, et fait marcher dans la même direction les intérêts des rentiers et ceux des contribuables.*

M. le Ministre des finances a dit :

« On devait penser que la rente ayant atteint « le pair, s'y arrêterait, et que nous n'aurions pas « immédiatement à lutter contre une hausse forcée, « par suite de circonstances qui nous étaient tout-« à-fait étrangères. L'Angleterre, par exemple, « opérant une réduction sur 75 millions de rentes, « de 4 pour 100 à 4 1/2 pour 100, a dû nécessai-« ment, à la même époque où nos 5 pour 100 « arrivaient au pair, faire déverser sur nos rentes

« les fonds qui se *dégoûtaient* » (c'est le Ministre lui-même qui souligne) « de cette conversion; c'est « de ces effets intérieurs d'une part, extérieurs de « l'autre; c'est de la situation politique dans la- « quelle se trouvait le monde entier qu'est résultée « la hausse de nos fonds publics, inopinée et im- « prévûe, du moins dans son élévation. »

Ainsi, de l'aveu même de M. le Ministre des finances,

La *hausse* de nos fonds publics, et conséquemment l'*abaissement* de leur taux d'intérêts, hausse *inopinée* et *imprévue*, provient

1°. De la situation *politique* dans laquelle se trouve le monde entier,

2°. De ce que les capitalistes anglais, *dégoûtés* d'une nouvelle *réduction*, ont *deversé* leurs fonds sur nos valeurs,

Bien certainement ces deux motifs d'influence ne peuvent être envisagés, dans leur essence, que comme bien *mobiles*.

Plus ou moins tôt, ils cesseront; c'est inévitable.

Dès lors, *plus ou moins tôt*, la *hausse* des fonds, et conséquemment l'*abaissement* de l'intérêt *cesseront*.

L'abaissement de l'intérêt ne serait donc pas durable, si, comme cela semble incontestable, les motifs d'influence présentés par M. le Ministre des finances, ne doivent pas et ne peuvent pas avoir de *fixité*.

M. le ministre des finances a dit, que, à la suite d'une réduction de la dotation de la caisse d'amortissement.

» La rente tomberait au-dessous du pair. »

L'État politique du globe, et le *dégoût* des Anglais pour de nouvelles réductions ne sont donc pas les seules causes d'influence sur le taux de l'intérêt de nos rentes.

Pourquoi ne pas aussi porter en ligne de compte l'influence des traitans?

La dotation de la caisse d'amortissement est d'environ 300,000 fr. par jour.

Une diminution sur cette dotation, dit M. le ministre des finances « ferait baisser la rente au-dessous du pair. »

Par réciprocité, une augmentation sur cette dotation ferait élever la rente au-dessus du pair.

Les traitans réunis peuvent, bien certainement pendant plusieurs mois, atteindre cet *effort quotidien*.

Ils peuvent dès-lors, à leur volonté, prononcer sur le sort de la rente, soit en *hausse* soit en *baisse*.

Serait-il donc incontestable, d'après les propositions de M. le ministre des finances, que nous soyons destinés, et *réduits*, à subir, en *courbant* la *tête*, et *rongeant* notre *frein*, la *loi* des *traitans*?

Pour l'espérer, il faudrait au moins qu'on nous enlevât tout autre moyen de faire valoir nos fonds.

Jusque-là les capitalistes bien pensans repousseront, sans doute, un *joug* d'une telle *nature*.

Dès-lors il ne restera plus dans la *lice* que des *prédestinés*, suivant, en *aveugles*, le mouvement d'*impulsion*, et ne devant apprécier l'*énormité* de leur *faute* qu'au moment où, non l'*essence*, mais la *qualification* des chefs se sera *vaporisée* comme une bulle de savon *resplendissante* d'abord de tous les reflets de la *lumière*.

Je ne saurais donc trop le répéter, et chacun devrait se le répéter jusqu'à *satiété* :

Puisqu'on tenait, absolument, à une imitation *déplacée* par la *comparaison* des *positions*, il fallait ne pas se départir d'une émission à 4 pour cent.

L'opération, *heureusement*, ou *malheureusement*, aurait pu n'en pas moins avoir *lieu*, mais, au moins, elle aurait eu lieu en lésant seulement les rentiers, et en ne lésant pas les contribuables, même en les *soulageant*.

A quoi tiennent pourtant de si *grands résultats* !

A une combinaisont inéressée d'une demi-douzaine de traitans, qui *imposent* la *loi* d'une émission en trois pour cent au lieu d'une émission en quatre pour cent.

Me plaçant, pour un instant, bien au-dessus de ma sphère, je me fais l'illusion, dans un état de *rêve*, de composer à moi seul la vénérable Chambre des pairs.

Ayant, comme je l'ai, le *sentiment* le plus *intime* que plus des trois quarts des maux résultans du projet tiendront à cette faible nuance d'une émission en trois pour cent, au lieu d'une émission en quatre pour cent, je ne mettrais pas de *rigidité* dans les parties accessoires, mais j'exigerais impérieusement, comme condition absolue de l'adoption.

Que *l'émission se fît en quatre pour cent, au lieu de se faire en trois pour cent.*

Une fois ce devoir rempli, je m'embarrasserais peu que le projet eût ou n'eût pas d'exécution.

S'il n'en avait pas, je m'en *féliciterais;*

S'il en avait, j'attendrais les événemens pour prononcer définitivement sur ses chances éventuelles, qui, considérablement diminuées dans leurs conséquences directes, me donneraient infiniment moins *d'inquiétude.*

Je me *réveille*, et, *humblement*, je reprends ma place.

Voyons donc quels seraient les résultats d'une émission en quatre pour cent, et comparons ces résultats avec le résultat d'une émission en trois pour cent.

	ans	mois	jours
La durée de l'amortissement serait de.	26	7	6
Elle n'aurait dû être que de. . .	23	9	15
Prolongation de durée.	2	9	21

La balance active, toute compensation faite, serait de. . . . . 302,909,538 fr.

La perte par émission à 3 p. 100, donnés à 75 fr., et rachetés à leur valeur nominale, est de . . . . 4,006,883,600.

L'ensemble est de. . . . . 4,309,793,138 fr.

On peut donc dire qu'une émission en 4 pour cent, donnés à leur valeur nominale de 100 fr., au lieu d'une émission à 3 p. cent, donnés à 75 fr., quoique leur valeur nominale soit à 100 fr., procurerait, comparativement, pour les contribuables, une *différence*, en *bonification*, de

4,309,793,138 fr.

Qui donc gagnera ce capital de 4,309,793,138 fr.?

Certainement les *traitans*, leurs *amis*, leurs *affidés*, leurs *dépendans*, leurs *missionnaires*, et leurs *prôneurs*.

Il aurait été bien préférable que les contribuables eussent profité de cet énorme capital,

Ce qui serait arrivé si, au lieu d'une émission en 3 pour cent, on eût *proposé* et *obtenu* une émission en 4 pour cent.

Un orateur de la Chambre des députés nous

avait fait concevoir à ce sujet une *lueur d'espoir*, par la présentation d'un *amendement*, tendant à une émission en 4 pour cent.

Malheureusement, cet espoir n'a pas été de longue durée; une seule nuit a suffi pour le dissiper.

Cette nuit, *fatale* pour nous, a *dénaturé* les dispositions primitives de l'orateur : le ministre a *modifié ;* l'orateur a *consenti* à cette modification, et s'est *réduit* à une *amplification* de mots bien *superflus*.

Donner le choix aux rentiers, entre 4 fr. en 4 pour cent à 100 fr., et 4 fr. en 3 pour cent à 75 fr., n'est-ce pas ajouter l'*ironie* à la *rigidité accablante* de la mesure !

Projet de la réduction des rentes, considéré en lui-même, abstraction faite de toutes autres considérations.

Pour faire apprécier, dans toute leur vérité, les *préjudices* que le projet de la réduction des rentes ferait *peser* sur nos têtes, j'en ai présenté les résultats à divers cours.

Ce mode de présentation, qui ne néglige aucuns des élémens, assure la marche du trajet entre les deux extrêmes, et n'offre que des résultats incontestables, et des balances d'une exactitude rigoureuse.

Je pourrais donc, avec confiance, me borner à ces énoncés d'ensemble.

Mais comme il entre dans mon plan d'arriver, autant qu'il est en moi, jusqu'à la *religion* de tous mes genres de lecteurs, je vais présenter le projet de la réduction des rentes sous un nouvel aspect tellement simple que ses résultats *désavantageux* ne pourront manquer de porter la conviction dans l'âme des personnes qui auraient le plus de tendance à l'adopter avec *complaisance*.

Je supposerai donc que, *respectant* les *engagemens contractés* jusqu'à ce jour relativement à nos émissions de rentes, on éprouve de nouveaux besoins.

Je supposerai en outre que, pour subvenir à ces besoins, on se détermine à *négocier* des rentes d'une nature *distincte* des 5 pour cent.

Je supposerai enfin que, pour obtenir ce double but, on négocie, au cours de 75 fr., des 3 pour cent émis au capital nominal de 100 fr. pour 3 fr.

Et je chercherai quels seraient, sous cet aspect isolé, les résultats de la négociation, uniquement influencés par le taux de l'intérêt des rachats.

La balance de ces résultats se composera de deux élémens distincts.

Le premier de ces élémens sera *actif*, c'est-à-dire procurera un *soulagement* aux contribuables. Ce sera la bonification résultante du paiement d'un intérêt à 4 pour cent, inférieur à l'intérêt légal de 5 pour cent.

Le second de ces élémens sera *passif*, c'est-à-dire sera une *charge* pour les contribuables. Ce sera le taux d'intérêt inférieur à 4 pour cent, auquel pourra se faire l'amortissement.

Admettons à cet effet, pour avoir une application directe avec notre espèce, une émission de 137,471,192 fr. de rentes 3 pour cent.

Admettons, pour les traitans de cette négociation, une remise semblable à celle établie dans le projet de la réduction des rentes.

Déjà nous avons démontré,

1° Que moins le taux de l'intérêt de l'amortissement est élevé, et plus la durée de l'amortissement se prolonge;

2° Que moins le taux de l'intérêt de l'amortissement est élevé, et moins la bonification pour les contribuables, résultante du moindre taux de l'intérêt de la négociation, est considérable;

3° Que, pendant tout l'excédant de la durée comparative de l'amortissement, les contribuables ont à *continuer* un paiement d'arrérages, et un paiement de dotation, dont ils auraient été déchargés à l'achèvement de la durée de l'amortissement au taux de l'intérêt de l'émission.

D'où il résulte, relativement à la balance,

1° Que les rachats à taux d'intérêts moins élevés que celui de la négociation doivent faire marcher en sens contraire les deux élémens d'une semblable opération;

2° Que la source des pertes doit suivre une marche croissante;

3° Que la source des bénéfices doit au contraire suivre une marche décroissante.

Une telle *position chanceuse* ne pourrait être *supportable*, surtout pour le gouvernement, qu'autant que les ordres chanceux des probabilités seraient égaux de part et d'autre.

Mais si, au contraire, l'ordre des probabilités des pertes est à l'ordre des probabilités des bénéfices comme 17 est à 1,

Et si l'ordre des résultats *désavantageux* suit une progression croissante, tandis que l'ordre des résultats *avantageux* suit une marche décroissante,

Il sera *évident* qu'il aurait été *préférable* de faire une négociation à l'intérêt légal de cinq pour cent, avec amortissement au même intérêt légal de 5 pour cent, plutôt que de faire une négociation à l'intérêt de 4 pour cent, avec amortissement à un taux inférieur à celui de 4 pour cent;

Et comme cette position est la *synonymie* exacte du projet de la réduction des rentes, dégagé de tous ses accessoires, il en résultera que

Le projet de la réduction des rentes, qui présente beaucoup plus de chances de pertes que de chances de bénéfices, doit être rejeté par des chambres dont la *conscience* ne peut se prêter à des mesures d'éventualités chanceuses, et dont les *lumières* doivent *repousser* tout mode qui présente des aspects de probabilités de pertes, comparativement plus nombreuses que les probabilités de bénéfices.

Il est donc évident qu'adopter ce projet ce serait continuer à *frayer* la voie des opérations à *grosses aventures*.

Il serait cependant bien temps de l'abandonner : car, plus nous nous y *égarerons*, et plus il nous sera difficile de revenir sur nos pas et de sortir de ce labyrinthe.

« Tout est lié, dans le bien comme dans le mal, « dans le vrai comme dans le faux : entrez dans la « bonne voie, tous les résultats sont bons ; égarez-« vous dans la mauvaise, tout vous tournera à « mal. »

De la réduction des rentes, avec émission en quatre pour cent, et avec application du produit de la réduction à l'augmentation de la dotation de l'amortissement.

L'on s'était jusqu'ici flatté que l'un des mobiles du projet de réduction avait été le soulagement des contribuables.

D'après la direction qu'a prise la discussion, cet espoir n'a pas encore totalement disparu, quoiqu'il semble ajourné à dix-huit mois.

Dix-huit mois !

Dans notre position, c'est presque l'*éternité !*

Combien pendant ce laps de temps ne se passera-t-il pas d'événemens ?

Combien ne verrons-nous pas, probablement, de *changemens* dans la *direction*, dans les *inten-*

tions, dans les *volontés;* peut-être même dans la *puissance d'agir.*

Mais sans ajouter à nos peines trop *réelles* des peines plus ou moins *éventuelles*, admettons que notre *espoir* ne sera pas *déçu*, et qu'ainsi ce seront les contribuables qui jouiront, soit directement, soit indirectement, des avantages de la réduction.

Dans cette confiance, comme nous avons maintenant le temps d'y *réfléchir*, recherchons quel serait, pour l'application de ces avantages, le mode qui, *pécuniairement*, serait le plus *avantageux* aux contribuables.

Les modes d'application se réduisent à deux :

Le premier consisterait à diminuer les impositions du montant de la réduction.

Le second consisterait à donner à la caisse d'amortissement, qui réellement n'est que la caisse, le mandataire des contribuables, le montant de la réduction.

Dans l'un et l'autre cas, la réduction tournerait également, et en totalité, au profit des contribuables.

Nous venons de voir quel serait pour les contribuables l'avantage d'une réduction avec émission en quatre pour cent, et application immédiate de cette réduction pour tous les genres de contribuables.

Nous allons comparativement établir quel serait pour les contribuables l'avantage d'une semblable réduction, avec application indirecte de cette réduction au soulagement des contribuables, par son emploi en dotation d'amortissement.

Dans ce second mode, la dotation de la caisse se composerait ainsi qu'il suit :

Arrérages des rentes déjà rachetées.	31,912,021 fr.
Dotation annuelle. . . . , .	40,000,000.
Produit de la réduction sur rentes (1).	28,096,053.
Ensemble.	100,008,074 fr.

Pour racheter 137,462,192 fr. de rentes à l'intérêt de 4 pour 100, avec une dotation de 100,008,074 fr., la durée de l'amortissement doit être de. . . . . 22 années 0 mois 17 jours.

Pour racheter la même somme de rentes à l'intérêt de 4 pour 100, avec une dotation de 71,091,021, la durée de l'amortissement doit être de. 26 — 7 — 6 —

L'augmentation de durée avec moindre dotation est donc de. . . . 4 — 6 — 19 —

(1) Cet accroissement de dotation n'aurait lieu qu'à partir du 1er janvier 1826.

D'où s'ensuit, à l'avantage de la plus forte dotation de la caisse d'amortissement, comparativement aux mémes élémens sans augmentation de dotation, un avantage pour les contribuables de . . . . 215,183,840 fr.

On peut donc dire que, en supposant l'application de la réduction des rentes au soulagement des contribuables, ceux-ci auraient plus d'avantages à en faire emploi par la caisse d'amortissement plutôt que d'en faire emploi par leurs propres moyens.

Ce résultat suggère nécessairement une réflexion relativement aux quatre tableaux insérés dans le *Moniteur*, tableaux tendans à prouver l'avantage de la réduction des rentes.

Si, dans l'établissement des deux premières colonnes de ces tableaux, le rédacteur de l'article a eu de la *bonne foi*, on est forcé d'admettre que, *bien* certainement, il a la *main heureuse*.

En effet, au lieu d'appliquer, immédiatement, la réduction au soulagement des contribuables, il l'applique à l'amélioration de la caisse d'amortissement;

Et il en tire la conclusion d'une diminution de durée résultante pour les contribuables de la réduction.

Avec plus de dotation, à égalité d'autres bases, la durée de l'amortissement doit être moindre : cela est incontestable, et saute aux yeux sans démonstration.

Mais tirer une conséquence de ce résultat, n'est-ce pas dénaturer la question?

Que *veut* le projet, ou plutôt que *fait espérer* le projet, d'après ses termes formels ?

Application *immédiate* au soulagement des contribuables.

Les bases du rédacteur de l'article ne sont donc pas celles du plan.

Dans le plan, la dotation reste la même, après comme avant la réduction.

Dans les tableaux du rédacteur, la dotation de la caisse se trouve augmentée des 28 millions de la réduction.

Ces 28 millions seraient donc plus qu'un Protée, puisqu'en passant de main en main, ils profiteraient, jusqu'à concurrence de leur valeur nominale, à *tous*, excepté aux rentiers, *favorisés* d'une si heureuse *prédilection*.

Ils profiteraient, comme valeur nominale, en même temps,

Aux *contribuables*,
Aux *émigrés*,
A l'amortissement.

Prenons-y garde : à force d'être retourné, les vives arrêtes de ce Protée pourraient s'émousser, et se transformer en tête de Méduse.

Livrons-nous à l'étude des chiffres, seraient bien capables de dire, après la lecture de l'article du Moniteur, certains enthousiastes, fiers d'un appui si glorieux; ils peuvent, entre nos mains, équivaloir à la pierre philosophale.

A la bonne heure, pourraient se dire les auditeurs calmes et impartiaux; mais nantissez-vous, avant tout, d'une logique quelque peu saine : car autrement,

Plus vous voudriez prouver *pour*, et plus vous prouveriez *contre*.

On pourrait donner surtout ce conseil à l'auteur d'une nouvelle brochure ayant pour titre :

« *Le Milliard perdu et retrouvé.* »

L'auteur a pris pour épigraphe :

« *Cinq et quatre font neuf;*
ôtez deux, reste sept. »

Pour être plus concordant avec ses résultats, il aurait pu y substituer celle-ci :

Quatre moins deux égale six.

La logique de l'auteur anonyme de cette brochure a quelque analogie avec celle de l'auteur d'articles sur le même sujet, insérés dans le moniteur.

Il dit que pour convaincre ses lecteurs il ne

leur demande qu'un peu d'*attention* et beaucoup d'*impartialité*.

Je présente avec déférence la même supplique à mes lecteurs.

Il ajoute :

« Il est vrai que cette dernière concession » (*attention* et *impartialité*) « est peut-être assez diffi-
« cile à obtenir dans une affaire, où tant d'inté-
« rêts et de passions ont été mis en jeu. »

Rien n'est malheureusement plus vrai.

Ce sur quoi on est moins d'accord, c'est de savoir à quelle phalange doit, *consciencieusement*, s'appliquer ce reproche.

« Mais je n'écris pas pour les personnes qui,
« sciemment ou non, se sont laissées entraîner
« par des motifs puisés en dehors de la question
» même. »

Ferait-on sa propre confession ?

« On sait très-bien que celles-là, dès l'origine,
« avaient pris la résolution de ne pas se laisser
« *convaincre*. »

Je partage cette opinion, toutefois en ne m'adressant pas aux mêmes personnes.

« Heureusement, tous les lecteurs ne sont pas
« dans cette sorte d'*impénitence finale*. »

Je l'espère, et c'est pourquoi je m'affermis dans la pensée que tout n'est pas encore perdu.

« Il est certain, d'ailleurs, que, plutôt ou plus « tard, la vérité *survit* aux préventions qui l'ont « d'abord *repoussée*. »

C'est là la consolation des bien intentionnés. Ce devrait être là le désespoir de ceux qui pourraient ne pas l'être.

Mais en supposant même ce retour tardif sur nous-mêmes :

Ce qui serait fait serait fait ;

Et le mal effectué ne pourrait guères se réparer.

Puissions-nous au moins ne pas un jour le voir se prolonger !

La différence entre le sentiment de *l'auteur du Milliard retrouvé* et le mien est, presque, du tout au tout.

Suivant lui,

« Le projet de réduction est une entreprise des « plus opportunes et des plus avantageuses pour « l'Etat, qui aient jamais été effectuées sous la « monarchie. »

Suivant moi :

Le projet de réduction est une entreprise des moins *opportunes* et des plus *ruineuses* qui aient jamais été effectuées, non seulement sous la *monarchie*, mais même *avant* et *pendant* la *révolution*.

Il est cependant un point sur lequel je suis complétement d'accord avec l'auteur du *Milliard retrouvé.*

Après avoir dit que le projet de réduction comprend des bénéfices et des pertes,

Il ajoute :

« Les bénéfices ne peuvent s'obtenir qu'à la « charge de subir les pertes. Le jugement à porter « sur l'ensemble se réduit à *mettre* en *balance* les « *unes* avec les *autres.* »

Telle est la marche dont je n'ai pas dévié; c'est la seule qu'on puisse raisonnablement suivre; c'est cependant celle que les défenseurs du projet et surtout l'auteur du *Milliard retrouvé*, malgré sa fastueuse proclamation, ont jusqu'ici délaissée.

Je dirai donc à l'auteur du *Milliard retrouvé* :

Il ne suffit pas de reconnaître la bonne voie, il faut y entrer et y marcher de *pied ferme,* sans y *chanceler,* avec ou sans intention.

En définitive, malheureusement l'auteur du *Milliard retrouvé* a, *sciemment* ou *malencontreusement*, erré; et, s'il n'a pas eu l'intention d'égarer la *religion* des autres, il est au moins parvenu à égarer complétement la sienne.

Peu de mots suffiront pour le démontrer.

Les points de départ de l'auteur du *Milliard retrouvé* sont les suivans :

Rentes *réductibles*.	140,000,000 fr.
Réduction d'un cinquième . .	28,000,000.
Rentes *rachetables* après *réduction*	112,000,000 fr.
Valeur nominale des 140 millions.	100 fr. p. 5 fr.
Valeur vénale du rachat des 112 millions.	87 fr. 50 c. pour 5 fr.

Avec ces données on aurait dû s'attendre que l'auteur du *Milliard retrouvé* établirait un bilan général dans la composition duquel entrerait, d'un côté, notre situation *sans réduction*, de l'autre, notre situation *avec réduction*.

Cette marche, la seule *raisonnable*, la seule *admissible*, la seule *vraie*, ne lui aurait présenté que plusieurs milliards de *perte*.

Elle ne pouvait dès lors lui convenir :

Ses *instructions* n'auraient pas été remplies.

Bon gré, mal gré, il lui fallait, pour être *irréprochable*,

« *Un Milliard perdu et retrouvé*. »

Qu'a-t-il fait pour y parvenir ?

En homme qui sait, *consciencieusement*, gagner son *salaire,* il a *finassé*, et nous a traité en *Cassandres.*

Il a pris, dans les matériaux du bilan général, les seuls élémens qui pouvaient se *plier* à ses *projets*, et il a *délaissé* les bases qui devaient apporter des modifications à cette *condition*, sine qua non, *de la gratitude*,

« *Le Milliard perdu et retrouvé.* »

Il aurait pu atteindre ce but par l'une des quatre règles de l'arithmétique.

Il a donné la préférence à la *soustraction.*

Soustraction et *réduction* sont synonimes.
Lui, le *sait* très-bien.
Nous, nous ne *l'oublierons jamais.*

Mais comme il fallait que son *reste* égalât

« *Le Milliard perdu et retrouvé* »,

Il est, *sa main est heureuse*, tombé sur deux capitaux inégaux, dont la balance, soumise à un intérêt uniforme de 5 pour cent, choisi arbitrairement, et contrairement à la fixation de ses propres bases, ne pouvait pas éprouver de variation dans sa direction, et n'en pouvait éprouver que dans son importance, suivant la plus ou la moins longue durée de la libération, durée fixée par l'auteur *arbitrairement*, et à sa *convenance.*

Il lui était dès lors bien *commode* et bien facile de choisir précisément la durée de libération qui pouvait, *juste*, lui procurer

« *Le Milliard perdu et retrouvé* ».

Avec cette latitude de pouvoir, arbitrairement, et à sa convenance, *raccourcir* ou *alonger* la durée de la libération, il importait peu à l'auteur du *Milliard retrouvé* qu'il existât plus ou moins de différence dans l'importance des capitaux qu'il prenait pour élémens ; il lui suffisait que la base qu'il considérait comme la source des *bénéfices* fût, *numériquement*, quelque peu plus forte que la base qu'il considérait comme la source des *pertes*.

Avec cette seule condition, soumettant par amortissement ces deux bases à un taux d'intérêt *semblable* et *invariable*, la différence devait chaque année suivre une progression croissante, jusqu'au terme où, enfin, pût se présenter en *évidence*

« *Le Milliard perdu et retrouvé.* »

La source de *bénéfice* à laquelle s'est attaché l'auteur du *Milliard retrouvé* est le produit de la réduction montant à 28 millions.

La source de *perte* qu'à choisi cet auteur, est la différence entre le capital du *prix nominal* de la rente *non réduite*, et le capital du *prix vénal* de la rente *réduite*.

Pour atteindre son but, il fallait que cette différence en capitaux, divisée par la durée de la libération, donnât une somme inférieure aux 28 millions de la réduction.

En suivant cette marche, il pouvait facilement faire bien des concessions sur le taux du rachat.

Il a adopté celui de 87 fr. 50 c. pour 3 fr., comme terme moyen entre le taux de 75 fr. et celui de 100 fr., terme moyen, dit-il, qui avait été mis en avant par quelques adversairses du projet de réduction.

D'après cette fixation, la différence des capitaux *valeur nominale* et *valeur vénale* est de 467 millions.

Divisant ce capital par trente, il a eu pour chaque année 15,566,666 fr.

Le bénéfice annuel serait de 28 millions.

La différence entre ces deux deux sommes serait de 12,433,334.

Ainsi, toute différence dans les capitaux, qui, divisée par le nombre des années de la libération, pouvait être inférieur à 28,000,000 fr. d'une somme de 12,433,334 fr., aurait également atteint son but, savoir :

« *Le Milliard perdu et retrouvé.* »

Il aurait donc pu porter bien plus loin ses *concessions*, et admettre, comme taux de rachat, le taux, *valeur nominale*, de 100 fr. pour 3 fr.

Il aurait toujours obtenu également son

« *Milliard perdu et retrouvé.* »

Si, même avec de telles *puissances motrices*,

l'appétit lui fût venu en mangeant, il aurait pu dédaigner cette *mesquine* somme, d'un

« *Milliard perdu et retrouvé.* »

Et, sinon *retrouver*, au moins *trouver*, par la force de son *génie*,

« 10—20—100—1000— »
« 100,000—1,000,000,000. »

« Nombre infini de milliards. »

Quelle belle et vaste carrière de prospérité!

Avec la *détermination inébranlable* qu'avait notre auteur d'atteindre le but du

« *Milliard perdu et retrouvé.* »

Nous devons lui savoir gré d'avoir choisi, comme *élémens*, des parcelles détachées du bilan général de la situation de nos rentes, avec ou sans réduction.

Il pouvait tout aussi bien prendre les deux premiers numéros sortans de la loterie, les soustraire l'un de l'autre, faire porter au reste un intérêt de 5 pour 100, et établir le laps de temps nécessaire, avec ces données, pour rassembler la somme d'un milliard.

La solusion de ce problême lui aurait de même donné la possibilité de prendre pour enseigne

« Le Milliard perdu et retrouvé. »

Comme cachet de sa science, il aurait pu y ajouter :

C'est ce qu'il fallait démontrer.

Si la manière de compter de l'auteur du *Milliard retrouvé* était déduite d'une saine logique, on ne lui reprocherait certainement pas de n'être pas commode.

Avec son secours, et quelque peu de hardiesse, on ne pourrait être embarrassé de quoi que ce fût.

Voulez-vous une balance active ?
Vous l'aurez.

Voulez-vous du bénéfice à satiété ?
Vous en aurez à l'infini.

Changez-vous d'idée, et penchez-vous maintenant pour une balance passive ?

Elle deviendra entre mes mains
aussi importante qu'évidente.

Vous ne pouvez avoir que l'embarras du choix. Un chiffre de plus ou de moins dans la supposition de la durée de ma libération suffit pour assimiler ma conception à un kaléidoscope parfait.

Je puis satisfaire tous les goûts,

Venez ; admirez.

Je puis également complaire aux optimistes et aux pessimistes.

Le seul être qu'il me soit impossible de contenter, mais cela m'importe peu, pourvu que je gagne mon argent et que j'atteigne mon but, c'est un sens épuré et une raison inaltérable.

On pourrait dire, *irréductible.*

En supposant que la libération doive s'effectuer par centième, le produtt actif de la réduction que notre auteur ne porte qu'à un milliard, se serait élevé à

63,930,070,000 fr.

Nous devrions donc nous trouver quelque peu *piqués* de sa *modeste réserve.*

Quand on prend du galon, dit le proverbe, on n'en saurait trop prendre.

Et de même, en effectuant sa libération en une année, notre auteur aurait eu à présenter, d'après ses propres bases, non pas alors du *bénéfice*, mais au contraire une *perte* de plus de

500,000,000 fr.

L'aune de l'auteur du *Milliard retrouvé* est, comme on voit, bien *élastique*.

Il a des mesures pour toutes les tailles.

En a-t-il pour la *vérité?*

J'en doute.

Pour ne pas concevoir une trop mauvaise opinion de lui, je préfère croire qu'il a peu de liaison avec elle, et que c'est là le seul *don* que le Ciel ne lui ait pas prodigué.

Le reste d'une soustraction, soumis à l'influence d'intérêts composés, s'accroît avec la prolongation de la durée de l'opération.

Serait-ce donc la une découverte pour l'auteur du *Milliard retrouvé?*

Faisons maintenant ce qu'aurait dû faire d'abord l'auteur du *Milliard retrouvé*, et ce qu'il n'a cependant pas fait.

Etablissons, d'après ses bases, le *bilan général* de notre *situation*, avec ou sans réduction, et déduisons, de l'*actif* ou du *passif* de ce bilan, le résultat *avantageux* ou *désavantageux de la réduction*

Dans le système ordinaire de l'amortissement, pour éteindre, en trente années, à l'intérêt de 3 fr. 43 c., pour 100 fr., 112 millions de rentes, il faudrait une dotation de. . 61,890,000 fr.

Pour amortir, avec cette dotation, à l'intérêt de 5 fr. pour 100 fr., les 140 millions de rentes, existantes avant réduction d'un cinquième, il faudrait un laps de temps de. . . . . . . 23 années 6 mois 16 jours.

Avec réduction, la durée de l'amortissement serait de . . . 30 — « — «

L'augmentation de la durée de l'amortissement avec réduction s'éleverait donc à . . . . . . 6 années 5 mois 14 jours.

Après réduction, les débours bruts et annuels des contribuables pour le service des arrérages, et pour celui de la dotation, jusqu'à l'achèvement de l'amortissement, se composeraient ainsi qu'il suit :

Arrérages.	112,000,000 fr.
Dotation.	61,890,000.
Débours nets	173,860,000 fr.
Frais de perception	32,780,000.
Débours bruts.	206,670,000 fr.

Les 140 millions de rentes, avant réduction, émises et rachetées à l'intérêt de 5 fr. pour 100 fr., représentent un capital de. . . . 2,800,000,000 fr.

Pour racheter les 112 millions de rentes restantes après réduction, à l'intérêt de 3 fr. 43 c. pour 100 fr., il faudrait un capital de.	3,267,000,000.
La différence est de	467,000,000 fr.
Y joignant les frais de perception.	88,030,000.
On a pour débours bruts. . .	555,030,000 fr.

Ce débours brut ne peut être influencé, dans son importance, par le plus ou le moins de durée de la libération.

Ce sur quoi influe essentiellement la prolongation de la durée de l'amortissement, ce sont les débours bruts annuels des contribuables pour le service de la dotation et des arrérages des rentes, débours bruts s'élevant annuellement à . . . . 206,670,000 fr.

Dans le cas de non réduction, ce débours brut aurait nécessairement cessé au bout de . . . . 23 années 6 mois 16 jours.

Par l'effet de la réduction, ce débours brut devra continuer à s'effectuer, avec intérêt de 3 fr. 43 c. pour 100 fr., pendant . . . . 6 années 5 mois 14 jours.

En compensation de ces deux sources de dommage, il convient de porter l'importance, en capital et en intérêts, des 28 millions de réduction, et de leurs frais de perception, pendant seulement . . . . 21 années 6 mois 16 jours.

Les deux premières années de la durée de l'amortissement étant consacrées à la remise des traitans.

Et les années postérieures à cette durée, se trouvant déchargées du débours brut correspondant à cette jouissance.

La perte de l'opération se compose donc ainsi qu'il suit :

1° Différence entre le capital encaissé, et le capital à débourser pour amortissement. . . . . 555,000,000 fr.

Continuation pendant 6 années 5 mois 16 jours, à l'intérêt de 3 fr. 43 c. pour 100 fr., des 206,670,000 fr. de débours bruts, pour service de la dotation et des arrérages . . . . 1,516,000,000.

Ensemble des pertes. . . . . . 2,071,000,000 fr.

A déduire pour bonification, en capital et en intérêts, resultants pour les contribuables de la réduction. . . . . 687,200,000.

Reste en perte.. . . . . 1,383,800,000 fr.

Contrairement à ce résultat, l'auteur du *Milliard retrouvé* porte comme bénéfice. 1,000,000,000 fr.

La différence entre nos résultats est donc de. . . . . 2,383,800,000 fr.

Ce résultat *inattaquable*, et le seul *conforme à la vérité*, détruit de fond en comble l'énoncé *faux*, *mensonger*, et bien *perfide* dans sa *date* de *présentation*, du

« *Milliard perdu et retrouvé.* »

Et c'est d'une manière aussi *révoltante*, aussi *condamnable*, qu'on ose *insulter* à la *majesté* des *chambres* et de l'*opinion publique* !

Et c'est ainsi que des *pédagogues rusés* ont la prétention de tromper la *religion*, en déversant sur elle la supposition *d'ignorance*, *d'ineptie* et *d'idiotisme*, la nation la plus *éclairée* du globe, et la plus *transcendante* par ses *lumières*, ses *connaissances* et son *génie* !

Serions-nous donc retombés en *enfance* !

S'imaginerait-on que nous sommes, *tous*, des *compères*, des *être vendus*, et des *Séides* !

Quant à moi, je prouverai à toutes époques qu'il n'en est pas ainsi.

Je le déclare donc hautement.

Tant que Dieu me prêtera vie, j'aurai contre de telles gens des yeux de Lynx.

J'en prends formellement l'*engagement*.

Et j'en donnerai la preuve toutes les fois que je jugerai que les intérêts de mon *Roi* et de ma *patrie* seront compromis.

Pour commencer,

Je jette publiquement le gant à l'auteur du *Milliard retrouvé*,

Et je lui dis, avec un sentiment de *crispation* que j'ai peine à maîtriser :

Il n'est pas *supportable* de voir ainsi se *moquer* du public ;

De le voir ainsi soumis à une véritable *mystification*.

Je prends , *moi*, pour devise ce dilemme :

Ou je suis un ignorant,

Ou vous l'êtes ;

Ou je suis un charlatan et un imposteur,

Ou vous l'êtes ;

Ou je cherche, volontairement ou involontairement, à tromper la religion de mes lecteurs,

Ou cette tactique est la vôtre ;

Ou j'obéis à une impulsion quelconque, réprouvée par la délicatesse,

Ou vous y obéissez ;

Ou je mérite enfin, par ma conduite, en cette circonstance, le mépris public,

Ou vous le méritez.

Traitons la question à fond.

Présentons nos controverses au jugement du public, *souverain* en cette partie.

Et soumettons-nous irrévocablement à son arrêt.

Celui qui succombera s'engagera d'avance, non seulement à ne plus traiter de telles matières, mais encore, comme bien faible dédommagement du mal général qu'il aura pu occasioner, de consacrer une somme de cent mille francs au soulagement des pauvres.

DERNIÈRE TENTATIVE.

En dernier ressort, il faut conclure à toutes fins.

Dans la position où nous nous trouvons placés, nous devons redouter, malgré tous nos efforts, que les rentiers ne soient sacrifiés.

S'il devait en être ainsi, nous devrions au moins reporter toute notre sollicitude sur les contribuables.

Pour améliorer leur situation, au lieu de la détériorer, il suffirait d'obtenir un amendement portant que l'émission se ferait en quatre pour cent, et que le produit de la réduction des rentes serait affecté à la dotation de l'amortissement.

Il faudrait enfin pouvoir faire prononcer, dans les *formes voulues* par nos *institutions*, que les frais de perception d'impositions ne pourraient plus, à l'avenir, dépasser 15 pour 100 du produit net, et que ce moindre débours serait, exclusivement, appliqué au soulagement des contribuables.

A la veille d'un danger imminent on se trouve doublement heureux d'avoir évité un nouveau danger, et d'en avoir allégé un autre préexistant.

Telle serait définitivement alors notre position.

Voici ce que je proposerais à ce sujet.

On ferait la réduction d'un cinquième sur les rentes.

On appliquerait le montant de cette réduction à la dotation de la caisse d'amortissement.

L'on réduirait les frais de perception; et les 28 millions environ provenans de cette dernière réduction serviraient à alléger les charges des contribuables.

La caisse d'amortissement n'achèterait des rentes sur la place qu'autant que leur valeur vénale serait au-dessous de 100 fr. pour 4 fr.

Dans le cas où le cours serait plus élevé, la caisse d'amortissement emploierait ses fonds disponibles en achats d'autres valeurs du gouvernement, nécessitant un appui salutaire.

Voici, d'après ces bases, quels seraient les élémens des résultats de l'opération.

Nos rentes inscrites s'élèvent à	197,480,266 fr.
Les rentes rachetées s'élèvent à	31,912,021.
Reste	165,568,245 fr.
A déduire pour réduction d'un cinquième..................	33,113,649.
Resterait passible de rachats..	132,454,596 fr.
Déduisant la portion *réduite*, réservée par la loi, savoir :	40,000,000.
Resterait en rentes à amortir. .	92,454,596 fr.

Dans ce nouveau plan, la puissance amortissante se composerait ainsi qu'il suit :

Arrérages des rentes rachetées.	31,912,021 fr.
Dotation annuelle...........	40,000,000.
Application de la réduction sur rentes......................	33,113,649.
Ensemble...........	105.025,670 fr.

Pour racheter 92,454,596 fr. de rentes, à l'intérêt de quatre pour cent, avec une dotation de 105,025,670 fr., la durée de l'amortissement doit être de

15 années 7 mois 19 jours.

Le bénéfice pour les contribuables, défalcation faite du capital, au denier vingt-cinq, des quarante millions de rentes immobilisées, serait, en capital et en intérêts, comparativement à notre position actuelle, de	1,870,055,362 fr.
Y joignant l'avantage d'avoir échappé à la surcharge du projet de réduction ministériel, laquelle résultera de l'émission à 75 fr. de rentes en 3 pour 100, et s'élevera à...........	4,006,883,600.
On aurait un avantage total de	5,876,938,962 fr.

Il ne resterait plus qu'à *justifier* la mesure contre les rentiers.

Certes, ce ne serait pas moi qui me chargerais de cette *mission*.

Si j'avais à prononcer sur leur sort, toutes leurs *inquiétudes* seraient promptement *dissipées*, et toute *justice* leur serait rendue.

En cela je croirais faire,

Non seulement une chose *équitable*, mais bien plus encore une chose *profitable* aux intérêts de tous les contribuables, et même bien *certainement* à ceux de l'*Etat*.

Voici, dans ces suppositions, comment je concevrais la loi à intervenir.

1° Les 165,568,245 fr. de rentes rachetables seraient soumis à une réduction d'un cinquième, et échangées contre des 4 pour cent, constitués à la valeur nominale de 4 fr. pour 100 fr.;

2° Conformément à la loi du 29 floréal an 10, 40 millions de ces rentes réduites resteraient immobilisés;

3° Le montant des réductions de rentes serait affecté à la dotation de la caisse d'amortissement;

4° La caisse ne pourrait acheter des 4 pour cent que quand leur cours vénal serait inférieur à leur taux nominal de 100 fr. pour 4 fr. Lorsque leurs cours vénal serait plus élevé, la caisse emploierait ses fonds disponibles en achats de valeurs du gouvernement, d'une réalisation facile, et nécessitant un appui salutaire;

5° A l'achèvement de l'amortissement, les rentes rachetées seraient annihilées, et leur annihilation, ainsi que la suppression de la dotation annuelle, tourneraient au profit des contribuables ;

6° Sous aucun prétexte, l'ensemble des frais de perception des contributions de toutes natures ne pourrait dépasser quinze pour cent du produit net; la répartition de ces quinze pour cent serait fixée par des ordonnances; les 28 millions environ qui proviendraient de cette réduction serviraient uniquement au soulagement des contribuables ;

7° Si, dans l'avenir, des besoins déterminaient à de nouvelles négociations de rentes, il serait établi un second grand-livre, distinct en tous points du premier, et les bases et les conditions de ces nouvelles négociations seraient fixé par la loi qui les autoriserait.

DE LA RÉDUCTION

Sous l'aspect des propriétaires fonciers.

Pour l'instant les propriétés foncières sont un poids *prédominant* dans la balance des *opinions financières.*

Est-ce juste, est-ce avantageux à l'Etat ?

Je ne le pense pas ; et cependant mes propriétés foncières sont assez importantes pour influencer mes opinions, si jamais mes sensations pouvaient l'être par quoi que ce fût.

Enfin la chose est ainsi.
Prenons-la telle qu'elle est,
En attendant mieux.

Recherchons donc si la perspective d'avantages, qu'on a présentée aux propriétaires fonciers, pour s'assurer de leurs suffrages, a quelque fondement, et si, au vrai, ce n'est pas une *lueur trompeuse.*

La fortune, en tous genres, de la France est, en nombres ronds, de. . . . . 84 milliards.

Divisée ainsi qu'il suit :

Fortune foncière. . . . . 27 milliards.
Fortune mobilière et industrielle 57 milliards.

La réduction des rentes procurerait une décharge, en nombres ronds, de. . . . 28 millions.

Proportionnellement,

Le soulagement pour la fortune foncière, serait de . . . . 9 millions.

Pour la fortune foncière et industrielle, elle serait de. . . . . 19 millions.

Les jouissances d'importation s'élèvent, annuellement, d'après les états du gouvernement, à. 440,000,000 fr.

En supposant que le but du gouvernement fût atteint, et qu'ainsi le taux légal de l'intérêt de 5 pour 100 se réduisît, *généralement*, à 4 pour 100, les jouissances annuelles d'importation éprouveraient, ainsi que nous l'avons démontré, une diminution de. . . . . 88 millions.

Proportionnellement,

Cette privation de jouissance se partagerait ainsi qu'il suit:

Pour la fortune foncière	28,285,000 fr.
Pour la fortune mobilière et industrielle	59,715,000.

Ainsi, sous ce seul aspect, la détérioration, pour les propriétés foncières, provenante de la réduction, supposée devoir atteindre le but que signale le gouvernement, serait

de	28,285,000 fr.
La bonification ne serait que de .	9,000,000.
La détérioration annuelle pour les propriétés foncières, résultante de la réduction sur les rentes, serait réellement, après défalcation de la bonification de la réduction, de.	19,285,000 fr.

Que les propriétaires fonciers ne s'en laissent donc point imposer par un aspect fallacieux.

Qu'intérieurement ils ne se félicitent pas de ce que les rentiers, *seuls*, seraient lésés, tandis *qu'eux* seraient favorisés.

Tous, sans exception, seraient atteints,

Et *jusqu'au vif.*

Personne ne serait excepté, hormis les *bienheureux* traitans qui, ne touchant que de l'or, ne lésinent pas dans des momens *d'incertitude*, et poussent le *désintéressement* jusqu'à jeter quelques centimes à la *multitude*, lorsqu'elle commence à *obstruer* le passage, et à devenir *importune.*

Pertes pour les contribuables, résultantes de la réduction, après défalcation de sa bonification, en capital et en intérêts, à divers cours de rachats des 3 pour cent.

Au cours de 81 f. p. 3 f.....	720,655,100 f.
Au cours de 82 f. p. 3 f.....	880,825,100.
Au cours de 83 f. p. 3 f.....	1,050,495,100.
Au cours de 84 f. p. 3 f.....	1,210,685,100.
Au cours de 85 f. p. 3 f.....	1,360,055,100.
Au cours de 87 f. 50 c. p. 3 f.	1,818,425,100.
Au cours de 90 f. p. 3 f.....	2,249,215,100.
Au cours de 95 f. p. 3 f.....	3,122,085,100.
Au cours de 100 f. p. 3 f.....	4,006,883,600.

Pour abréger, je supprime tous les cours intermédiaires. Je les publierais plus tard si l'adoption du projet et la position de la place m'en fesaient apprécier le besoin.

Perte pour les contribuables, résultantes de l'ensemble des négociations et des rachats de nos rentes, réduites d'un cinquième, après défalcation de la bonification de la réduction, en capital et en intérêts, à divers cours de rachats des 3 pour cent.

Au cours de 81 f. p. 3 f.....	3,840,974,379 f.
Au cours de 82 f. p. 3 f.....	4,001,144,379.
Au cours de 83 f. p. 3 f.....	4,170,814,379.
Au cours de 84 f. p. 3 f.....	4,437,004,379.
Au cours de 85 f. p. 3 f.....	4,480,374,379.
Au cours de 87 f. 50 c. p. 3 f.	4,938,744,379.
Au cours de 90 f. p. 3 f.....	5,369,534,379.
Au cours de 95 f. p. 3 f.....	6,242,404,379.
Au cours de 100 f. p. 3 f.....	7,127,202,879.

Un mot sur l'importante question de l'augmentation du capital nominal en compensation de la diminution du revenu.

Les défenseurs du projet de réduction soutiennent qu'il est plus avantageux, pour le gouvernement, d'augmenter le capital des rentes en *diminuant* leur revenu, que de diminuer le capital des rentes en *augmentant* leur revenu.

Cette question, d'une haute importance, qui a été controversée par des hommes de mérite, aurait, sans doute, présenté moins de difficultés, si, au lieu de la considérer sous un aspect isolé, on l'eût considérée dans l'ensemble de la fortune publique.

Généralement on peut, à volonté, par le remboursement, faire cesser le dommage d'un intérêt trop élevé; on ne peut jamais *légalement* et *consciencieusement*, diminuer l'importance d'une dette en capital.

Supposons, seulement, à l'instar de M. le ministre des finances, 140,000,000 fr. de rentes, *réductibles* et *amortissables*;

Admettons, conformément aux bases du projet, *réduction* d'un *cinquième* sur le *revenu*, et *augmentation* d'un *tiers* sur la *valeur nominale* de la dette.

Dans le premier cas, sans la réduction, on aurait

1° Pour dépense annuelle. . 140,000,000 fr.

2° Pour dépense de remboursement. . . . . 2,800,000,000 fr.

Dans le second cas, après réduction, on aurait

1° Pour dépense annuelle. . 112,000,000 fr.

2° Pour dépense de remboursement. . . . . 3,733,000,000 fr.

Les différences entre les revenus, et entre les valeurs de remboursement, seraient ainsi qu'il suit :

Moindre dépense annuelle, par réduction des rentes. . . . . 28,000;000 fr.

Plus forte dépense en capital, par augmentation du remboursement . . . . . 933,000,000 fr.

Dans l'état actuel, le revenu de toutes les richesses de la France est de. . 4,200,000,000 fr.

Les dépenses de l'Etat sont de 900,000,000 fr.

On peut donc dire que chaque 100 fr. du revenu des richesses de la France contribue aux dépenses de l'État pour. . . . . 21 fr. 43 c.

Supposons que, dans l'état actuel, le gouvernement trouve *convenance* à rembourser, ou à amortir sa dette capitale de 2,800,000,000 fr., relative aux rentes, en

20 années.

Il faudrait que, à cet effet, il prît sur ses 900,000,000 fr. une somme de

140,000,000 fr.

Ce qui correspondrait par chaque 100 fr. de ces 900,000,000 fr. à

15 fr. 55 c.

Supposons également que la loi qui fixe le taux légal de l'intérêt à 5 pour cent soit rapportée, et qu'il soit rendu une nouvelle loi qui fixe le taux légal de l'intérêt à 4 pour cent.

Alors le revenu des richesses de la France ne serait plus que de. . . . . 3,360,000,000 fr.

Mais aussi les dépenses de l'État ne seraient plus que de. . . . . 720,000,000 fr.

Sous cet aspect, le rapport respectif, pour les contribuables, entre leurs positions de fortune, ne serait nullement changé.

Mais voyons ce qui en résulterait dans la fortune de l'État, relativement à l'amortissement de sa dette en rentes.

Si, de même que ci-devant, le gouvernement voulait amortir, en 20 années, sa nouvelle dette capitale envers les rentiers qui, après réduction, se trouverait être élevée à

3,733,000,000 fr.

Il faudrait qu'il consacrât annuellement à ce remboursement une somme de

186,500,000 fr.

Pour conserver le même rapport avec les débours relatifs à cet objet, avant *réduction* de l'intérêt, il ne devrait avoir en débours pour le remboursement des rentes que

112,000,000 fr.

Son débours, après *réduction*, serait de.	186,500,000 fr.
Son débours relatif, comparativement à celui avant *réduction*, ne devrait être que de.	112,000,000.
Son augmentation de débours serait donc de	74,500,000 fr.
La jouissance par la réduction des rentes ne serait que de	28,000,000.
Différence.	46,500,000 fr.

La perte annuelle des contribuables se composerait donc ainsi qu'il suit :

Débours net.	46,500,000 fr.
Frais de perception	8,765,000.
	55,265,000 fr.

Qui, à 4 pour 100, représentent un capital de

1,381,625,000 fr.

Ce qui augmente la dette primitive de près de

50 pour cent.

Ainsi le mode *d'augmenter* le capital nominal d'un *tiers*, en *diminuant* le revenu d'un *cinquième*, est ruineux pour l'État, si le gouvernement atteint le but qu'il se propose, savoir, de

Réduire, généralement, l'intérêt d'un cinquième.

Redressement des balances du compte présenté à la Chambre des Pairs par M. le Ministre des finances.

Monsieur le ministre des finances a dit à la Chambre des pairs :

« J'admets un moment les calculs qui ont été « présentés par les adversaires de la mesure, « ainsi que les bases sur lesquelles ils les éta- « blissent. C'est un moyen d'en finir sur les « 900,000,000 fr. dont on nous accuse de grever « le trésor public ; je considérerai donc comme « une augmentation réelle de la dette l'amor- « tissement des 933 millions en capital nominal. « Voici comme je raisonne sur les 933 millions :

« Il faut d'abord déduire le capital des 28 mil- « lions que l'état gagne annuellement sur l'in- « térêt, c'est-à-dire 560 millions. Il faut ensuite « observer que le cours ne devant peut-être ja- « mais s'élever au pair, et ne pouvant, dans tous « les cas, y arriver qu'après un grand nombre « d'années, l'augmentation du capital doit être « diminuée de toute la différence qui existera « entre le pair et le cours réel au moment des « rachats ; ce n'est pas le lendemain du jour de « l'émission qu'on rachetera les 3 pour cent au « pair. La déduction pour cet objet a été fixée « par le noble pair, qui a parlé dans la séance « d'hier, à la moitié. J'adopte encore cette base, « au lieu de celle que le gouvernement avait « présentée. C'est donc la somme de 465 mil- « lions qu'il faut déduire des 560 millions que « je viens de prouver être produite par l'opé-

« ration. L'État a donc un avantage réel de plus « de 100 millions dans le résultat de la mesure, « calculée même sur les bases les plus défavo-« rables. »

Après avoir lu ces phrases, et les avoir *relues* à satiété, je suis resté bien du temps incertain si je n'étais pas dans un état de *rêve*. Je n'en croyais pas mes yeux; et, après m'être complétement assuré que ma vue n'était pas encore trouble, je n'ai pu pallier la *poignante affliction* qui s'était emparée de mon âme, qu'en me persuadant qu'il existait dans la publication des fautes graves d'impression, et des propositions qui, bien certainement, n'avaient pu sortir de la bouche de M. le ministre des finances.

En effet, si tout autre homme tenait jamais un tel langage, je ne pourrais, voulant ménager les convenances et les égards de la civilité, m'empêcher de me dire intérieurement :

Ou ce que j'entends est hors de ma portée de conception, ou celui qui tient ce langage est *abusé* ou veut *abuser*.

Ce point est tellement *grave*, que, dussé-je être mis en accusation devant l'Être-Suprême, je n'en persisterais pas moins à soutenir qu'il existe dans l'assertion une erreur évidente; et à le prouver, irrésistiblement, sans redouter l'arrêt que l'*impartialité* aurait à prononcer.

Monsieur le Ministre des finances ne fait pas

entrer dans son compte les élémens qui couvriraient, par compensation, son apparence de *bénéfice*, et qui, même au delà, donneraient l'aspect d'une *perte* extrêmement considérable.

Parmi ces élémens oubliés, on doit compter, en premier ordre, les frais de perception.

Puis, et surtout, la *prolongation*, en *capital*, en *frais de perception*, et en *intérêts*, des *charges prolongées* des contribuables, par le fait de la prolongation de la durée de l'amortissement.

Faisons donc notre bilan général, fondé sur les propres bases de M. le Ministre des finances; faisons-y entrer tous les élémens qui doivent le composer; déduisons-en le résultat *vrai*; et comparons ce résultat d'*ensemble* au résultat *partiel* présenté par M. le Ministre des finances.

Avec la puissance amortissante maintenant existante, les 140 millions de rentes, rachetées au cours fixé par M. le ministre des finances, de 100 fr. pour 5 fr., exigeraient un laps de temps de................. 21 années 5 mois 28 jours.

Avec la même puissance amortissante, les 112 millions de rentes existantes après réduction, rachetées au cours fixé par M. le ministre des finances, de 87 fr. 50 c. pour 3 fr., exigeraient un laps de temps de................. 27 — 3 — «

La durée de l'amortissement des 112 millions excéderait donc la durée de l'amortissement des 140 millions de. . . 5 années 9 mois 2 jours.

Les dépenses annuelles des contribuables auraient, dans le cas de non-réduction, cessé au bout de

21 années, 5 mois, 28 jours.

Les dépenses annuelles des contribuables auraient, dans le cas de réduction, eu lieu pendant

27 années, 5 mois, 28 jours.

Ces dépenses se trouveraient donc prolongées de

5 années, 9 mois, 2 jours.

Voici quelle serait, annuellement, l'importance de ces dépenses.

Continuation des paiemens d'arrérages, savoir :

Pour rentes formant supplément de la dotation de la caisse d'amortissement.	31,912,921 fr.
Pour rentes amortissables. .	112,000,000.
Pour dotation ordinaire. . .	40,000,000.
Ensemble.	183,912,021 fr.

Je négligerai ici les frais de perception qui, annuellement, s'éléveraient, pour ce seul objet, à

34,600,000 fr.

Je négligerai même les intérêts de la dépense annuelle et nette, isolée de ses frais de perception, intérêts qui. calculés, sur le taux admis par M. le Ministre des finances, savoir, 3 fr. 43 c. pour 100 fr., s'élèveraient à

129,000,000 fr.

Nous aurons dès lors en perte pour les contribuables, par le seul fait de la prolongation des 183,912,021 fr. de leurs dépenses annuelles, en capital seulement, et mettant même de côté les frais de perception, une somme de . . . . 1,058,413,680 fr.

M. le Ministre des finances, après avoir fait la balance entre la plus-value du taux des rachats, et la *bonification* de la réduction, signale pour les contribuables un *bénéfice* de . . . . 100,000,000.

Il resterait donc, en partant des propres bases de M. le Ministre des finances, en capital seulement, sans tenir compte de ses intérêts pendant 5 années, 9 mois, 21 jours, et même en n'ayant égard ni au capital ni aux intérêts des frais de perception, une *perte* de . . . . 958,413,680 fr.

Je n'ai suivi cette marche que dans l'intention de redresser les balances du compte présenté à la chambre des pairs par M. le ministre des finances.

Elle avait été adoptée par lui, je n'ai pas du m'écarter de ses erremens.

Toutefois je dois à la vérité de déclarer que le mode de procéder de M. le ministre des finances est complétement défectueux, parce qu'il ne peut jamais présenter aucun résultat réellement exact.

Il est sans doute désirable de faciliter l'intelligence de ses auditeurs, mais il ne faut pas, pour atteindre ce but, les induire en erreur.

Malheureusement, c'est toujours ce qui arrive, lorsque, relativement à des propositions financières, qui ont pour élémens l'influence du *temps*, celle du *taux* de *l'intérêt*, et surtout celle des *intérêts composés*, on met de côté ces diverses influences, et on procède par ce qu'on nomme, dans le langage ordinaire, les *termes moyens*.

Je vais en donner quelques preuves.

Je suppose une opération de remboursement qui exige, pendant dix années, un déboursé annuel de 10,000,000 fr.

L'ensemble du capital déboursé sera de

100,000,000 fr.

Je suppose, comparativement, une opération de remboursement, qui exige, pendant quarante ans, un égal déboursé annuel de 10,000,000 fr.

L'ensemble du capital déboursé sera de

400,000,000 fr.

Superficiellement, on pourrait présumer que cette seconde opération présenterait, relativement à la première, un désavantage quatre fois plus grand.

Mais si l'on considère que chaque débours équivaut à une privation de jouissances, on devra, nécessairement, faire entrer dans la comparaison, qu'elle qu'en puisse être l'influence finale, ces privations de jouissances, qui, réellement, représentent un capital *déguisé*.

Prenons donc l'intérêt légal, et dès lors nous trouverons que, avec une durée de 10 années, un débours annuel de 10,000,000 fr., et un intérêt légal de 5 pour 100, le débours total, en capital et en intérêts, sera de

132,100,000 fr.

Et, de même, on trouvera qu'avec une durée de 40 années, un débours annuel de 10 millions, et un intérêt légal de 5 pour 100, le débours total, en capital et en intérêts, sera de

1,268,400,000 fr.

Ce qui établit entre les deux résultats pécuniaires un rapport de

10 à 96.

En considérant seulement les capitaux, le rapport pécuniaire ne serait que de

10 à 40.

La différence serait donc plus que double.

En général, le calcul des intérêts composés a ce genre de difficultés, qu'il comprend des rapports simples et des rapports de *puissances*.

Les uns doivent être régis par des proportions arithmétiques, les autres doivent être régis par des progressions géométriques.

En les séparant, et en voulant de l'un d'eux, pris arbitrairement, déduire les conséquences des autres, on tombe, *nécessairement*, dans l'arbitraire, qui, suivant qu'on aura bien combiné l'*intention*, ou qu'on aura eu la *main heureuse*, procurera, *faussement*, un aspect, soit *favorable*, soit *défavorable*.

Dans une telle position, toute conclusion générale, déduite d'une exposition partielle, est *fautive*, et peut bien *fortement* égarer, soit dans un sens, soit dans un autre.

Il n'est qu'un seul moyen d'arriver à un résultat *vrai* et *inattaquable*, c'est de ne négliger aucun élément, même ceux qui sembleraient ne devoir avoir que peu d'influence.

La raison peut en *préjuger* la *nature*, mais ni la raison, ni même la science ne peuvent, même par des *inductions*, en *préjuger l'importance*, attendu que la progression croissante qui les régit ne suit pas une marche régulière.

On peut donc, en cette partie, même avec des *intentions pures*, se *tromper* et *tromper* les autres.

C'est ce qu'a fait M. le Ministre des finances.

L'objet a, en lui-même, trop d'importance pour ne pas exprimer à ce sujet toute ma pensée.

L'auteur des articles du *Moniteur* et du Milliard retrouvé pourrait-il, également, prétexter de la pureté de ses intentions?

C'est, je le dis avec la même *franchise*, ce que je ne pense pas, et ce sur quoi le public est appelé à prononcer *définitivement.*

Dans ce cas, dira-t-on, il aurait donc eu au moins de la science?

Ce serait là une question encore plus douteuse :

La *fausse science* est bien plus disséminée que la *science*, et son véritable *cachet* est de tout *embrouiller*, en ayant l'apparence de tout *débrouiller*.

En tout, même en admettant bonne foi, il n'est rien de plus *dangereux* que la *fausse science*.

En *finances*, surtout, les *faux savans* sont, *financièrement*, ce que sont les filous comparés aux voleurs de grands chemins.

On se *méfie* des derniers; on ne prend que bien peu de *précautions* contre les premiers.

Rapprochons succintement les principaux motifs d'influence qui doivent régir la réduction des rentes, motifs d'influence auxquels, *volontairement*, ou *involontairement*, on n'a eu nul égard.

Quand le trésor royal paie à la décharge directe des contribuables une somme de 100 fr., par exemple, il est sorti de leur caisse, non seulement cette somme de 100 fr., mais, en outre, une somme de 18 fr. répartie entre les percepteurs des impositions.

Il convient donc, pour établir la véritable situation des contribuables, d'ajouter à la somme *nette*, payée en leur acquit par le trésor royal, la somme supplémentaire qui est sortie de leur caisse pour satisfaire aux frais de perception nécessaires à l'encaissement *net*.

L'effet de l'amortissement est de mettre un *terme* aux charges annuelles de la dette, de quelque nature qu'elles soient.

Si donc, par un mode d'acquittement quelconque, la libération a plus de *durée*, c'est-à-dire si les charges annuelles doivent se prolonger, il faut porter au *passif* des contribuables, comme *sacrifice* qu'ils doivent supporter, non seulement le débours *brut*, qui doit sortir de leur caisse pour satisfaire à ces charges prolongées, mais encore la privation de leurs jouissances pendant cette prolongation, et, conséquemment, les intérêts de ces *débours bruts*.

En définitive,

Réduire l'intérêt de la dette publique, ou la

rente, c'est réduire annuellement le fonds de l'amortissement :

C'est donc prolonger nécessairement la durée de l'amortissement :

C'est donc prolonger d'autant le service des arrérages des rentes et de la dotation de 40 millions ;

C'est donc s'imposer une perte ;

C'est donc augmenter les charges des contribuables.

On en a établi l'importance.

Ici on en donne la raison : et cela doit être sensible pour tout le monde.

En un mot, réduire la rente, c'est réduire les moyens de la libération ;

C'est augmenter les charges des contribuables.

Que devient donc cette bonification de 28 millions... ? Et quand on augmente le capital de la dette de 933,000,000 !

Les résultats que j'ai présentés, de l'immense détérioration dont se trouve menacée, par le projet, la fortune des contribuables, ont été déduits de la supposition que les 3 pour 100 qui seraient donnés au cours de 75 fr., s'élèveraient à des cours intermédiaires entre celui de 75 fr. et celui de 100 fr.

Cette supposition est éminemment proclamée, et par les défenseurs et par les adversaires du projet. Cette hausse est même forcée et inévitable par la nature du plan et celle de ses combinaisons : il est même reconnu généralement qu'elle est nécessaire et indispensable pour rendre possible l'exécution de la mesure. Sans la hausse point d'exécution possible. Ainsi les résultats que j'ai donnés sont inattaquables.

Eh bien! je vais supposer, contre l'opinion unanime, que les 3 pour 100 donnés à 75 fr. resteront stationnaires à ce taux ; que l'État qui les aura délivrés à ce prix les rachètera au même taux de 75 fr., et je vais présenter ici le résultat de cette supposition si généreuse en faveur du projet.

Voici d'abord notre position actuelle relativement à la masse entière de nos rentes, 5 pour 100, sans la réduction, sous le rapport de notre libération future et totale.

La masse des rentes est de	197,480,266 fr.
La dotation annuelle pour son amortissement est de. . .	40,000,000
Ensemble. . .	237,480,266 fr.
Il faut ajouter les frais annuels de perception de cette somme, ci.	44,750,000
Ainsi les débours bruts et annuels des contribuables sont de	282,230,266 fr.
Tant pour le service des rentes que pour le fonds d'amortissement.	

L'amortissement de toute cette dette se terminerait au bout de 23 ans 9 mois 15 jours, et les débours annuels des contribuables, s'élevant à 282,230,266 fr., monteraient, pour ce laps de temps, avec l'intérêt de 5 p. 100, à la somme de. . . . . 12,995,164,414 fr.

Tel serait, *sans réduction de la rente,* le résultat de notre libération totale,

Voyons actuellement quel serait l'effet d'une réduction d'un cinquième sur les 140 millions de rentes 5 pour 100, sous le même rapport de notre libération future et totale.

Les 3 pour cent donnés à 75 fr. étant supposés rachetés au même taux de 75 fr.,

La masse des rentes ne s'élèverait plus qu'à.	169,384,213 fr.
La dotation annuelle pour leur amortissement étant de	40,000,000.
	209,384,213 fr.
Les frais annuels de perception de cette somme étant de.	39,470,000 fr.
Les débours bruts et annuels des contribuables, tant pour le service des rentes que pour la dotation de l'amortissement, seraient ensemble de	248,854,213 fr.

L'amortissement de toute la dette, *après réduction*, durerait 26 ans 7 mois 6 jours, et les débours annuels, comme ci-dessus, des contribuables, à l'intérêt légal de 5 pour cent, s'élèveraient, pour ce laps de temps, à . . . . 13,809,061,527 fr.

Tel serait le résultat après la réduction, et dans la supposition que les 3 pour cent donnés à 75 francs seraient rachetés à ce même taux de 75 fr.

L'on a établi que, *sans la réduction*, ce même résultat de libération totale, ne s'élèverait qu'à . . . . 12,995,164,414 fr.

Le projet où le plan de la réduction,

en supposant émission des 3 p. 100 à 75 fr. et leur rachat au même taux, causerait donc encore une perte pour les contribuables, de. . . . . 823,897,113 fr.

Enfin, il faut porter à *l'actif* ou au *passif* des contribuables la balance entre le capital encaissé et le capital déboursé pour la libération.

Cette différence ne pouvant s'établir qu'au moment de la libération ne peut être *passible* d'intérêts.

Mais elle ne signale *réellement* qu'un débours *net*, et ne représente pas le débours *brut* des contribuables pour y satisfaire.

Il convient donc d'y ajouter aussi les *frais de perception*.

En ayant égard à tous ces élémens, dans leur *ensemble*, et dans leur connexité, on met complétement *la vérité à nu*.

Par *scindement* on peut, à volonté, présenter, soit l'aspect *avantageux*, soit l'aspect *désavantageux*.

La raison voudrait qu'on les *balançât* pour en déduire un résultat *irrécusable*.

M. le ministre des finances, et l'auteur du Moniteur et du Milliard retrouvé, *scindent* les élémens, et ne présentent que les aspects *avantageux*.

M. le ministre des finances le fait par *persuasion*.

Il serait impossible, et par trop *douloureux*, de penser autrement.

L'auteur du Moniteur et du Milliard retrouvé le fait par *combinaison.*

A toutes ses phrases, on entrevoit, trop évidemment, *le bout de l'oreille.*

M. le ministre des finances, dans la présentation de son compte, n'est donc sans doute reprochable que par *omission*, volontaire ou involontaire.

L'auteur du Moniteur et du Milliard retrouvé l'est par les *erreurs grossières* de ses erremens.

Si, au lieu de suivre, ainsi que l'a fait M. le ministre des finances, cette marche *incomplète*, de n'opérer que sur des débours nets, sans nul égard pour la *durée* de la libération, on établit, ainsi que le commande la *rectitude* de la raison, un *compte général*, dans lequel figurent la *durée* de la libération, et les débours *bruts*, soumis au taux de l'intérêt fixé par M. le ministre des finances, savoir, 3 fr. 43 c. pour 100 fr., alors, *seulement*, on obtient un résultat *exact, vrai, irréprochable,* dont la balance *passive*, à la charge des contribuables, est, ainsi que je l'ai démontré page 138, de

1,818,425,100 fr.

Je conclus, avec un sentiment d'allégement d'oppression, que très-probablement les intentions de M. le ministre des finances sont *pures*, et que son erreur provient, *uniquement*, de ce qu'on l'a *abusé*, en ne lui mettant pas sous les yeux *l'ensemble* des données qui auraient pu fixer, *irrévocablement*, son opinion.

Les intéressés ont profité, avec adresse, de son ardent désir pour la prospérité de l'Etat, et de sa *perspicacité* remarquable, pour ne lui offrir que les bases qui pouvaient servir d'aliment à la première de ces deux qualités, et pour rendre inactive la seconde.

L'*exemple* d'une nation voisine, dont la prospérité financière s'accroît de jour en jour;

L'*espoir* d'une *diminution* du taux de l'intérêt, conséquemment des dépenses de l'Etat;

L'*augmentation* de la prospérité de l'agriculture et du commerce;

La *diminution* des progrès *déplorables* de l'agiotage;

Telles sont les *perspectives* qui lui ont été présentées.

Elles devaient exciter puissamment sa *sollicitude*, et sa *soif ardente* de la *prospérité* de son pays.

Mais il ne suffit pas d'entrevoir un but dans l'avenir, il faut, d'un même coup d'œil, apercevoir, sinon la réalité, au moins le plus grand ordre de probabilités de l'intervalle qui sépare les deux extrêmes.

C'est là ce sur quoi on a trompé la *religion* de M. le ministre des finances.

C'est là ce que l'immensité de ses occupations ne lui a pas permis d'*approfondir*.

Ces *présomptions* de ma part font sur mon âme une telle impression que je suis intimement convaincu que, si la loi était adoptée, il ne se passerait pas une année avant que M. le ministre des finances, ayant été plus à même de réfléchir sur l'ensemble de la mesure, ne convînt qu'il a suivi une *fausse marche*.

Malheureusement pour lui, cette pensée pourrait troubler le bonheur du restant de ses jours.

Avoir *nui* à ceux qu'on voulait *servir*, n'est-ce pas, de tous les reproches qu'on peut s'adresser, le plus poignant pour un *honnête homme*?

M. le ministre des finances jouit, incontestablement, de cette *qualité*.

Qu'il est douloureux, dès lors, d'entrevoir et de pressentir son avenir.

Amicus Plato, magis amica veritas.

Des conséquences du projet de réduction, relativement à de nouvelles négociations de rentes.

M. le Ministre des finances signale, comme un des appuis de son projet, la possibilité qu'il dit entrevoir de faire, ultérieurement, après réduction, à un taux plus avantageux, de nouvelles négociations de rentes, pour couvrir des besoins qu'il fait déjà pressentir.

Ici se présentent deux aspects distincts.

PREMIER ASPECT.

Dans notre position *financière*, serait-il pécuniairement avantageux de négocier de nouvelles rentes à un taux d'intérêt inférieur à celui fixé par la loi ?

J'ai répondu d'une manière négative à cette question, en démontrant dans cet écrit, et dans celui dont il est extrait, qu'en négociant, avant notre complète libération, de nouvelles rentes à bas prix, nous éprouverions d'autant plus de perte,

1° Que le désir qu'a le gouvernement d'une

amélioration successive dans le taux de l'intérêt de l'argent serait plus complétement accompli ;

2° Que la quotité des rentes émises pour une nouvelle négociation serait inférieure à la quotité de nos 165 millions de rentes amortissables.

En effet, la bonification des nouvelles émissions serait compensée par la plus value du rachat des anciennes émissions, et il ne pourrait y avoir balance exacte entre cette bonification et cette détérioration qu'autant que les nouvelles négociations s'élèveraient à 165 millions de rentes, somme égale aux anciennes rentes amortissables.

DEUXIÈME ASPECT.

En supposant que nous fussions, relativement à des négociations de rentes, dans un état vierge, y aurait-il, pécuniairement, de l'avantage à négocier des émissions de rentes à bas prix, en admettant l'accomplissement du désir d'amélioration successive dans le taux de l'intérêt de l'argent ?

Voici les bases que je prendrai pour résoudre cette question, d'une application spéciale et générale.

Mon point de départ sera :

Une négociation, à 5 pour 100, de 5 millions de rentes, procurant un secours de 100 millions, rachetées à 5 pour 100, avec une dotation de trois millions.

C'est le rapport actuel de notre fonds d'amortissement.

Mon objet de comparaison sera :

Une négociation, à 4 et demi pour 100, de 4,500,000 fr. de rentes, procurant un secours de 100 millions, rachetées à 4 pour 100, avec une dotation de trois millions.

Dans ce second cas, il y aurait un bénéfice d'un demi pour cent sur la négociation, et une perte d'un demi pour cent sur le rachat.

De là on pourrait présumer qu'il devrait y avoir équilibre.

On va voir qu'il n'en serait pas ainsi.

Pour amortir 5 millions de rentes qui, ayant été négociées au prix de 5 fr. pour 100 fr., auraient procuré un encaissement de 100 millions, il faudrait, si le rachat avait lieu avec une dotation annuelle de 3 millions, au taux de 100 fr. pour 5 fr., un laps de temps de

19 années, 5 mois, 24 jours.

Pour amortir 4,500,000 de rentes, qui, ayant été négociés au taux de 111 fr. 11 cent. pour 5 fr., c'est-à-dire à l'intérêt de 4 et demi pour 100, auraient procuré un encaissement de 100 millions, il faudrait, si le rachat avait lieu avec une dotation annuelle de 3 millions, au taux de 4 pour 100, un laps de temps de

21 années, 0 mois, 13 jours.

La différence entre les durées de l'amortissement serait donc ainsi qu'il suit :

	années	mois	jours
Durée pour 2e proposition .	21	0	13.
Durée pour 1re proposition.	19	5	24.
Différence	1	6	19.

Le bénéfice pour la bonification serait ainsi qu'il suit :

Par chaque année.	500,000 fr.
Frais de perception.	94,250.
Ensemble	594,250 fr.

Pour racheter 4,500,000 fr. de rentes à 4 pour cent, il faudrait un débours de 112,500,000 fr.

L'encaissement ne serait que de	100,000,000.
Il y aurait donc un excédant de débours net de.	12,500,000 fr.
Y joignant les frais de perception de	2,356,500.
On aurait un débours brut de.	14,856,500 fr.

Les débours annuels pendant la prolongation de l'amortissement se composeraient ainsi qu'il suit :

Pour service des rentes. . .	4,500,000 fr.
Pour service de la dotation annuelle.	3,000,000.
Ensemble.	7,500,000 fr.
Y ajoutant les frais de perception de.	1,413,800.
On aurait pour débours brut.	8,913,000 fr.

Le compte à établir consisterait donc :

1° A rechercher la somme de bénéfice que devrait procurer, à l'intérêt de 4 et demi pour 100, pendant 19 années 5 mois 24 jours, une somme de

594,250 francs ;

2° A prendre, comme premier élément *passif* du compte, la différence, en capital et en frais de perception, entre l'encaissement de la négociation des 4,500,000 fr. de rentes, et les débours bruts pour le rachat de ces mêmes 4,500,000 fr. de rentes, à l'intérêt de 4 pour 100;

3° A prendre, comme second élément *passif* du compte, les débours bruts et annuels des contribuables, pendant la prolongation de la durée de l'amortissement, savoir . 8,913,800 fr.

à l'intérêt de 4 pour 100, pendant 1 année 6 mois 19 jours.

En procédant ainsi, on trouve le résultat suivant :

Élément actif du compte.

594,250 fr. par année, pendant 19 années 5 mois 24 jours, à l'intérêt de 4 pour 100, donnent. . . . . 17,729,500 fr.

Élémens passifs du compte.

1° Différence entre encaissement et remboursement, comme ci-dessus. . . . . 14,856,500 fr.

2° 8,913,800 fr. de débours bruts, calculés pendant 1 année 6 mois 19 jours, à l'intérêt de 4 pour 100, donnent 14,541,200

Ensemble . . . . 29,397,700 fr.

Balance.

Élémens de bénéfice.	17,729,500 fr.
Élémens de perte	29,397,700.
Balance en perte.	11,668,200 fr.

Le bénéfice est donc à la perte comme 1 est à 1 2/3.

Comment pourrait-on encore, après une preuve aussi évidente, se flatter d'obtenir, après réduction, par de nouvelles négociations de rentes, une amélioration directe et matérielle.

Tout est illusion dans ce projet :

Car, sous quelque face qu'on veuille l'approfondir, il ne présente qu'un résultat matériellement désavantageux.

CONSIDÉRATIONS

Sur les indemnités.

Des indemnités sont *dues*, et ont été *promises* aux émigrés.

Quelle en sera la *source?*

M. le ministre des finances a dit à ce sujet que, dès sa rentrée dans ses États, le Roi a formé le *vœu* d'accorder, lorsqu'il le pourrait « sans im-« poser de nouvelles charges à ses peuples, une « indemnité à ceux qui avaient été les victimes de « l'horrible loi de la confiscation ».

L'horrible loi de la confiscation!

Cette phrase sort de la bouche de M. le président du conseil des Ministres.

Pour MM. les émigrés, sans doute c'est déjà quelque chose.

Mais, certes, ce n'est pas assez.

Un tel genre de consolation n'est pas suffisamment *substantiel.*

Premier point *incontestable.*

L'indemnité est un acte de *justice*, puisque le *Roi* forme le *vœu* de sa *réalisation.*

Mais comment atteindre cette réalisation?

En finances, plus encore qu'en toute autre partie,

Rien ne peut engendrer *quelque chose.*

Or, sous l'aspect financier, tout ce qui, relativement aux dispositions de l'État, peut être considéré comme *quelque chose*, provient, soit de *débours supplémentaires* des contribuables, soit de *viremens* d'application de *débours préexistans.*

Hors de là il n'existe qu'*illusion*, que *bases romantiques*.

On ne pourrait donc puiser des moyens d'indemnités que dans de *nouvelles charges*, ou que dans des *économies*.

Le premier de ces moyens serait pour l'instant inconciliable avec le vœu du Roi, exprimé par M. le Ministre des finances, d'indemniser les émigrés, « sans imposer de nouvelles charges à ses « peuples ! »

Sans imposer de nouvelles charges à ses peuples !

Une intention si *vénérable* est bien digne de la tendre *sollicitude* de notre monarque adoré.

Malheureusement, la puissance humaine a des *limites*.

Il n'est *possible* à personne, même aux têtes couronnées, de faire l'*impossible*.

L'attente des indemnités se trouverait-elle donc *réduite* à des *attentes d'économies*, ou, ce qui revient au même, à des *réductions* sur les *dépenses administratives ?*

Des *réductions !*

La sensation *répulsive* de ce mot pourrait bientôt se trouver tellement enracinée, que l'administration elle-même, après en avoir amplement *usé*, pour les autres, se déterminerait, dans son intérêt, à le rayer de son vocabulaire.

Des *réductions* futures !

N'en adviendrait-il pas de celles-là comme de celles sur les rentes, dont M. le Ministre des finances parle en ces termes :

« La mesure, soumise à votre délibération, est « assez *féconde* en résultats heureux » (nous venons d'entrevoir quelques aperçus de ces résultats *heureux*) « pour que le Roi y trouve, ainsi que « S. M. vous l'a dit elle-même, et les *soulage-* « *mens* pour ses peuples, et les *moyens* de fermer « les dernières plaies de la révolution. »

Avec *moins* que *rien*, faire *immensément!*

Serions-nous encore dans les siècles des miracles !

« Faire ressortir dans la discussion de la loi », ajoute M. le Ministre des finances, « toutes les « conséquences heureures qu'elle doit avoir, ce « serait, en termes vulgaires, *vendre la peau de* « *l'ours avant de l'avoir tué ;* ce serait un partage « de *dépouilles* » (ce mot est *remarquable*) « tout- « à-fait *messéant.* »

MM. les émigrés, en fondant leur espoir sur le

produit, eventuellement avantageux, de la réduction des rentes dont, à tout événement, on a déjà disposé, ne vendraient-ils donc pas aussi la peau de l'ours avant qu'il ne soit *tué*, et ne parcoureraient-ils pas les *sentiers glissans* des châteaux en Espagne?

Dans quelle situatiou *perplexe* se trouvent donc pour l'instant messieurs les émigrés !

Ils ne peuvent compter sur la *réduction* des rentes, parce que son produit, en supposant toutefois son *existence*, est formellement assigné au *soulagement* de l'ensemble des contribuables.

Ils ne doivent pas davantage compter sur une *réduction* de la dotation de la caisse d'amortissement, d'abord parce que ce serait, en capital et en intérêts, un motif de *nouvelles charges* pour les contribuables; en second lieu, parce que cette charge serait tellement *ruineuse* pour l'État, que, bien certainement, par suite de leur *dévoûment* au *roi* et à la *patrie*, ils seraient les premiers à la *repousser*.

Ils ne doivent enfin compter sur aucune *négociation* de nouvelles rentes, ou de toute autre valeur, parce que ces négociations seraient, sous le rapport du revenu et sous celui du capital, un *accroissement* de *charges* pour les contribuables.

Quelle *fatalité* continuerait donc à poursuivre messieurs les émigrés!

Devraient-ils long-temps encore être condamnés à ne rencontrer autour d'eux que *sable mouvant?*

Rassurons-nous.

Ceux qui ont *souffert* sont aussi près de *jouir*, que ceux qui ont *joui* sont près de *souffrir.*

Ne perdons donc pas *courage.*

Avec *tenacité* et *bon droit*, on ne doit *désespérer de rien.*

Labor improbus omnia vincit.

Aide-toi, le ciel t'aidera.

RÉSUMÉ.

En *définitive*, voici quelle serait la situation des contribuables, avec réduction, et avec rachat des 3 pour cent, au pair de 100 fr. pour 3 fr.

La dette primitive des contribuables s'élève à . . . . 3,372,983,216 fr.

La portion de cette dette, contractée depuis la restauration, s'élevait à 2,106,830,576 fr.

On aurait payé les intérêts de cette dette pendant

43 années 6 mois.

L'ensemble des débours des contribuables, pour acquitter la dette primitive, se serait élevé à

10,500,186,095 fr. (1).

Qui, au denier vingt, représenteraient, à partir de l'achèvement de l'amortissement, un revenu de

525,009,304 fr.

Huitième du revenu de toutes les richesses de la France.

La réduction enlèverait aux rentiers le *cinquième* de leur *revenu*, *perte* qui s'accroîtrait encore par leur *quote part contributive* dans les *pertes générales* des contribuables.

Nous étions déjà si *lésés*, pourraient surtout dire ces derniers, que nous ne devions pas craindre de devoir nous *résigner* à ne pas obtenir de *soulagement réel* et *durable* avant le

1er juillet 1858 *au plus tôt*.

Je dis au plus tôt : car si on joignait à la première *faute*, la *faute* non *moins grave de négocier des rentes à bas prix*, à moins de se déterminer à

---

(1) Cette perte devrait bien réellement s'augmenter des 2,200,000 fr. résultans de la privation d'un cinquième dans les jouissances d'importations, perte qui, pour l'Etat, serait *absolue*.

ne jamais rembourser, il n'existerait pour ainsi dire plus de terme à nos souffrances.

Etre *malheureux* toute notre vie, être assurés que nos *neveux* le seront encore plus que *nous,*

Quelle *perspective !*

Voilà pourtant où peut nous conduire un moment d'*erreur*, ou de *condescendance mal entendue.*

« En *politique*, comme en *finances*, comme « dans la *vie privée*, un seul moment *d'ambition,* « *d'avidité*, *d'improbité*, *d'incapacité*, *d'incurie* « ou même *d'irréflexion,* est souvent, pour les « *Etats* comme pour les *particuliers*, la source « *éloignée*, mais *inévitable*, des *bouleversemens* « et des *tourmentes.* »

En *définitive*, la réduction aurait prolongé, pendant près de douze années, la gêne et la souffrance des contribuables.

Quelles ne sont pas, pendant douze années, les *possibilités* des chances *défavorables d'une nation en convalescence de tourmentes !*

On aurait *reculé* de plus de *seize années* la *suppression* d'au moins 400 millions de *charges*, aussi *pesantes* par leur *nature* que par leur *mode* de perception, *suppression* qu'un *bon plan de finances* aurait *procurée.*

34

Au premier aspect, les résultats que je viens de présenter peuvent sembler plus que romanesques, plus qu'inadmissibles, plus que *gigantesques;* ils ne seront pas moins complétement conformes à la vérité.

Je supplie donc mes lecteurs, *au nom de l'intérêt de l'Etat,* de vérifier par eux-mêmes si je n'ai pas complétement raison.

Cette marche leur procurera deux avantages :

Celui de ne plus me lire, s'ils me jugent en *démence ;*

Celui bien plus puissant d'avoir encore de nouveau *sauvé l'Etat*, si *je dis la vérité.*

Je m'expose, *bénévolement,* je le sais, et sans aucun genre d'intérêt, à la *punition* la plus *poignante* qui puisse *atteindre* un homme qui n'a pas encore perdu le sentiment de sa *capacité*, à un arrêt de *déraison.*

En compensation, j'ai le droit, *dans l'intérêt de l'Etat*, de réclamer, avec une humble *déférence*, de n'être pas jugé sans examen approfondi.

Ce n'est pas ici un objet d'une faible importance; dans ses résultats, et dans ses conséquences, il n'en a peut-être pas existé, en tous genres, depuis la restauration, qui ait été plus digne d'être mûrement approfondi.

Dans ces examens, ne perdons surtout pas de vue ces deux vérités :

« Tout est lié dans le bien comme dans le mal, « dans le vrai comme dans le faux : entrez dans la « bonne voie, tous les résultats sont bons; égarez-« vous dans la mauvaise, tout vous tournera à « mal. »

A leur naissance, les fautes financières n'apparaissent que comme un point de mirage. Bientôt elles engloutissent tout ce qu'elles enveloppent.

Profession de foi.

Le désir d'être utile à mes compatriotes, que mon cœur et mon imagination placent au rang le plus *élevé* du globe, a dicté cet écrit.

Je l'ai rédigé avec des *intentions pures*, et avec un *sentiment intime* de l'*évidence* de ses *résultats*.

J'ai écarté, autant qu'il a été en moi, la *chaleur* des controverses, et j'ai cherché à ne pas m'écarter de la *modération* que commande, en général, la *sensation* de *conviction*, et que commandait plus particulièrement, en cette circonstance, *l'importance* des objets que j'ai cherché à *approfondir.*

Puissé-je fixer l'attention des personnes dont *j'ambitionne*, particulièrement, les *suffrages!*

J'ai le bonheur d'être *Français;* je ne suis *dépendant* que de mon entier *dévouement* à mon *Roi* et à ma *patrie*, que j'aime par-dessus tout; j'ai le *sentiment* de ma *conscience*, et du mal *imminent* que je *redoute* :

Fussé-je donc encore sous le *régime impérial;*

Dussé-je pressentir un nouveau *bail* de dix-huit mois *d'emprisonnement*,

Je proclamerais, jusqu'à *extinction de forces*, toutes les vérités que renferme cet écrit.

Puisse notre bonne étoile ne pas permettre qu'on ne les apprécie, et qu'on ne leur rende justice, que quand il n'en serait plus temps!

Nobles Pairs, jouissez de la faveur que le ciel vous a accordée, en vous mettant à même de prononcer, définitivement, sur le sort futur de la *Grande-Nation.*

ARMAND SÉGUIN

TABLE.

Pag.

IMPRIMERIE DE GUIRAUDET, RUE SAINT-HONORÉ N° 315.

www.ingramcontent.com/pod-product-compliance
Ingram Content Group UK Ltd.
Pitfield, Milton Keynes, MK11 3LW, UK
UKHW012202240726
13966UKWH00002B/528

9 782012 488083